소그룹 리더를 위한
물맷돌 리더십

소그룹 리더를 위한 물맷돌 리더십

1쇄 발행 2022년 10월 17일
2쇄 발행 2023년 3월 31일

지은이 김명호
펴낸이 고종율

펴낸곳 주)도서출판 디모데〈파이디온선교회 출판 사역 기관〉
등록 2005년 6월 16일 제 319-2005-24호
주소 서울특별시 서초구 서초대로 141-25(방배동, 세일빌딩)
전화 마케팅실 070) 4018-4141
팩스 마케팅실 02) 6919-2381
홈페이지 www.timothybook.com

값 15,000원
ISBN 978-89-388-1689-4 (03230)
ⓒ 2022 도서출판 디모데 All rights reserved. 〈Printed in Korea〉

모이고 싶은
소그룹으로 만드는
5가지 핵심 요소

소그룹 리더를 위한 물맷돌 리더십

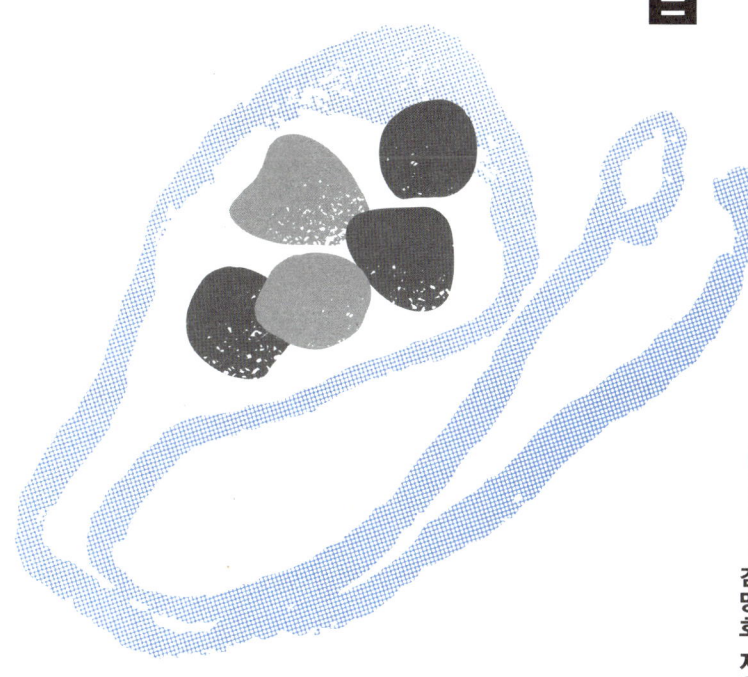

김명호 지음

일러두기

- 이 책은 절대 읽지 말라. 이 책의 내용을 소그룹에서 함께 먹고 씹고 소화시키라.
- 소그룹 리더를 훈련하려면 세미나와 같은 형태의 일방적 교육이 아니라 실제 소그룹 모임이 진행되는 환경에서 배우게 해야 가장 효과적이다. 이 책은 단순히 지식을 나누는 강의로 끝나지 않도록 기획했다. 소그룹을 구성한 뒤 거기서 충분히 생각을 나누고, 참여함으로 느껴보며, 구체적인 경험을 통해 리더로 설 수 있도록 진행하라.
- 이 책에서 소그룹을 이끄는 지도자는 '리더'로 지칭하기로 한다. 각자 교회에서 사용하는 용어(순장, 구역장, 목자 등)로 대치해서 읽으면 의미가 통할 것이다. 또한 소그룹에 참여하는 구성원은 '지체'로 칭하기로 한다. 이 또한 순원, 구역원, 목원, 멤버 등의 명칭으로 이해하면 된다.
- 단원을 시작할 때마다 제시된 아이스 브레이크를 통해 마음 문을 열게 한 뒤 썰렁하고 어색한 분위기를 따뜻하고 화기롭게 바꾸라.
- 한 단원을 정리할 때마다 깨달은 것, 느낀 것, 앞으로 실천할 것에 대해 함께 나눌 수 있는 시간을 확보하라. 또한 주제에 따라 제시된 활동을 하며 소그룹을 경험하라.

이 책은
사랑하는 대림교회 모든 순장과 순원이 쏟은
사랑과 헌신의 열매입니다. 그들이 없었다면
이 책은 세상에 나올 수 없었습니다. 가야 할 길은
아직 멀지만, 주님을 신뢰하는 마음으로
뚜벅뚜벅 이 길을 걷고 있는
모든 순장과 순원에게 이 책을 바칩니다.

차례

들어가는 말 _9

1부. 교회와 소그룹
1장 왜 소그룹인가 _23
2장 소그룹의 유익 _31

2부. 첫 번째 물맷돌, 예배
3장 예배, 공동체와 개인 _39
4장 고백, 경배와 찬양 _47
5장 기도, 하나님을 의지하며 나아감 _53
6장 삶으로 드리는 예배 _61

3부. 두 번째 물맷돌, 말씀
7장 말씀 중심의 소그룹 _69
8장 삶의 변화를 추구하는 소그룹 _79
9장 귀납적으로 성경을 묵상하는 소그룹 _85
10장 대화가 있는 건강한 소그룹 _97

4부. 세 번째 물맷돌, 교제

11장 그리스도 안에서 누리는 진정한 교제 _115

12장 삶의 필요를 채워주는 소그룹 _121

13장 문제와 갈등에 지혜롭게 대처하는 소그룹 _131

14장 격려로 성장을 돕는 소그룹 _141

15장 돌봄이 있는 소그룹 _149

5부. 네 번째 물맷돌, 전도

16장 새로운 생명이 지속해서 탄생하는 소그룹 _163

17장 전도의 세 가지 요소 _175

18장 열린 소그룹 _183

19장 지역사회를 향해 흘러넘치는 소그룹 _197

20장 새 가족을 배려하는 소그룹 _203

21장 팬데믹 시대, 우리의 전도 _209

6부. 다섯 번째 물맷돌, 계승

22장 리더가 준비되는 소그룹 _229

23장 예비 리더 세우기에 실패하는 이유 _237

24장 예비 리더를 양성하는 소그룹 _241

25장 GROW 모델을 활용한 코칭 _249

26장 소그룹을 번식하는 지혜 _255

27장 성공이 아니라 섬김이다 _261

나가는 말 _269

주 _275

들어가는 말

2020년 2월부터 시작된 코로나 팬데믹으로 한국교회는 민낯을 드러냈고, 교회란 무엇인가에 대한 본질적인 질문 앞에 서게 되었다.

대면 예배가 불가능한 상황에서 온라인으로 비대면 예배를 준비하면서 교회마다 심각한 위기를 경험했다. 가장 많이 타격을 받은 영역은 공동체성이었다. 팬데믹 상황에서 성도들이 목말라 했던 것은 수준 높은 설교가 아니었다. 유명한 목회자들의 설교는 방송이나 유튜브와 같은 매체를 통해 오히려 더 쉽게 접할 수 있었다. 하지만 성도들이 원하는 것은 자신의 영혼을 책임지고 돌봐주는 목자의 손길, 곧 휴먼 터치였다.

아이러니하게도 위기 상황은 교회의 건강성을 점검하는 기회이기도 했다. 예배와 설교를 중심으로 움직였던 교회는 현장 예배의 인원뿐만이 아니라, 온라인상에서도 시청자의 수가 급감하는 것을 그저 지켜봐야만 했다. 그 충격은 생각보다 컸을 것이다. 하지만 소그룹으로 탄탄한 교회 체질을 형성한 교회는 이런 위기에도 크게 요동하지 않았다. 팬데믹이 몰고 온 위기의 강도는 교회의 규모에 따라 달라지는 것이 아니었다. 규모가 아닌 체질의 문제였다.

교회의 공동체성을 유지하는 가장 강력한 구조는 소그룹이다. 머지않아 도래할 포스트 코로나 시대의 목회 현장에서 소그룹의 중요성은 더욱 부각될 것이다. 그것은 소그룹에서 성도들의 문제가 치유되고 회복되며 삶의 변화가 가장 강력하게 일어나기 때문이다.

소그룹을 통해 삶의 변화가 일어나려면 먼저 정보가 분명히 전달되어야 한다. 말씀이 가슴에 감동적으로 다가와 살아 있어야 한다. 소그룹에서 귀납법적인 접근 방식을 통해 성경을 보게 되면 성경 말씀을 내 것으로 만들어 오랫동안 기억하게 된다. 남에게 들은 말씀보다는 내가 스스로 생각하고 고민하는 과정을 거쳐 발견하는 말씀이 훨씬 더 기억에 남는 것이다. 그리고 말씀이 기억에 남아야 삶의 변화로 이어질 수 있다.

사람이 변화되도록 돕는 또 하나의 요소는 자신이 느끼고 감동받은 진리를 입 밖으로 표현하는 것이다. 느낌을 표현함으로 자신의 마음 문을 열 수 있을 뿐만 아니라, 말로 표현하는 과정에서 생각을 논리적으로 정리하게 된다. 또한 자신의 결심을 드러내어 표현하면 그 말에 대해 책임감을 느끼게 되고 결국 실천에 옮길 가능성이 커진다.

소그룹은 이렇게 자신의 느낌과 견해를 솔직하게 나눌 수 있는 좋은 환경을 제공한다. 함께 말씀을 연구하고 삶을 드러내며 자신의 솔직한 느낌을 표현하면서 사랑의 관계를 맺는 소그룹은 강력한 삶의 변화를 이끌어낸다. 이런 측면에서 소그룹을 지적인 성장을 목적으로 하는 단순한 성경공부로 오해해서는 안 된다.

소그룹은 한국교회가 자리를 잡는 데 가장 큰 역할을 했고, 교회 성장의 원동력이 되었다. 오래전에 교회 안에는 구역 또는 속회라고 불리는 제도가 정착되었다. 그런데 어느 순간 이러한 소그룹 제도가 그 영향력을 제대로 끼치지 못하고 한낱 제도로만 명맥을 유지해왔다. 다행히 최근 들어 많은 교회가 소그룹의 중요성을 인식하고 새로운 형태로 변화를 시도하고 있다. 물론 교회 체제를 소그룹 형태로 바꾼다고 성공이 보장되는 것은 아니다. 그 이유가 무엇일까?

전인적(全人的) 소그룹의 핵심은 리더다. 리더가 준비되지 않으면 소그룹은 실패한다. 지도자의 한계는 그룹의 한계를 의미한다. 소그룹 사역의 성패는 소그룹 리더가 어떻게 배출되고 소그룹을 어떻게 이끌어 가느냐에 달려 있다. 교회의 구조와 조직을 소그룹으로 나누었다고 해서 소그룹의 역할을 하는 것이 아니다. 셀목회나 가정교회 이론을 접목한 많은 목회자가 실패하는 이유는 건강한 소그룹 리더들이 준비되지 않았는데 그룹만 작게 나누어 놓았기 때문이다.

그러므로 소그룹 리더를 세우는 과정을 치밀하게 준비해야 한다. 제자훈련은 평신도 지도자를 양성하는 과정이며 그 결과로 나타나는 것이 잘 준비된 소그룹 리더다. 훈련받은 평신도가 자신의 비전을 가지고 열정을 쏟아 다른 사람들을 섬기는 곳이 소그룹인 것이다. 포스트 코로나라는 위기 상황에서 공동체성을 지켜내는 소그룹이라는 소담스러운 꽃을 피우고 싶은가? 그렇다면 리더를 양성하기 위해 땀을 흘려야 한다. 사람을 세우는 일에 시간과 열심을 쏟아부어야 한다. 하나님이 당신의 나라를 세워가시는 방법은 사람을 세우는 것이다. 제자훈련 없이 소그룹은 성공하지 못한다.

이 책은 소그룹 리더들이 더 효과적으로 사역하기 위해 반드시 점검해야 할 다섯 가지 영역을 다윗이 골리앗과 싸우러 나갈 때 준비한 다섯 개의 물맷돌로 비유해 정리했다.

효과적인 소그룹 운영을 위한 다섯 가지 물맷돌 원리

"손에 막대기를 가지고 시내에서 매끄러운 돌 다섯을 골라서 자기 목자의 제구 곧 주머니에 넣고 손에 물매를 가지고 블레셋 사람에게로 나아가니라"(삼상 17:40).

어린 소년 다윗이 거인 골리앗과 전투를 치르러 가져간 것은 물맷돌 다섯 개였다. 사람들은 다윗의 덩치에 맞지도 않는 갑옷과 투구와 칼로 무장시켜 싸움터에 내보내려고 했다. 하지만 다윗은 그 거추장스러운 것을 다 버리고 자신에게 익숙한 무기인 물매와 물맷돌 다섯 개를 준비했다. 다윗에게 물매는 너무나 익숙한 생활 도구였다. 들판에서 양 떼를 지키기 위해 사나운 짐승들과 싸울 때 늘 필요한 무기가 물매였다. 다윗은 물매에 알맞은 돌을 늘 주머니에 넣고 다녔을 것이다.

그런데 사무엘상의 저자는 다윗이 시내에서 매끄러운 돌 다섯 개를 고른 사실에 관심을 두고 서술한다. 다윗은 왜 물맷돌을 다섯 개나 준비했을까? 하나님이 이기게 해주실 것을 믿었다면 다윗은 돌 하나로 충분하지 않았을까?

다윗은 골리앗을 향해 달려가면서 손을 주머니에 넣어 물맷돌을 꺼내 물매에 장착하고 던졌다. 상황이 매우 긴박했기에 돌을 여러 개 사용한 것 같지는 않다. 그가 시내에서 골라 준비한 돌 가운데 하나가 골리앗의 이마에 박혔다.

다윗이 매끄러운 돌 다섯 개를 준비한 것은 목동으로서 양 떼를 지키기 위해 살아온 습관 때문이었던 것 같다. 그는 양 떼를 지키기 위해 항상 필요한 만큼 돌을 주머니에 넣어두었다. 마찬가지로 골리앗과 싸우러 나갈 때도 필요한 만큼 준비한 듯하다. 물매를 사용해본 사람이라면 어떤 돌이 물매에 적합한지를 안다. 매끄러운 돌이란 모난 곳이 없는 돌이다. 다윗은 시냇가에서 특별히 매끄러운 돌 다섯 개를 골랐다.

다윗이 돌 다섯 개를 주머니에 넣고 골리앗과 싸우러 나갔지만, 그가 의지한 것은 물맷돌이 아니었다. 만군의 여호와를 의지하고 그 이름으로 나아간 것이다. 다윗은 골리앗의 욕설을 맞받아치며 이렇게 말했다. "…나는 만군의 여호와의 이름 곧 네가 모욕하는 이스라엘 군대의 하나님의 이름으로 네게 나아가노라 오늘 여호와께서 너를 내 손에 넘기시리니 내가 너를 쳐서 네 목을 베고 블레셋 군대의 시체를 오늘 공중의 새와 땅의 들짐승에게 주어 온 땅으로 이스라엘에 하나님이 계신 줄 알게 하겠고"(삼상 17:45-46).

다윗은 만군의 여호와를 의지하는 믿음으로 시내에서 매끄러운 돌 다섯 개를 준비했다. 오늘을 살아가는 모든 그리스도인도 각자의 삶에서 벌어지는 싸움에서 승리할 수 있도록 믿음으로 물맷돌을 준비해야 한다. 걱정만 하다가 세월을 낭비해서는 안 된다. 상황에 압도되어 움츠러들지 말고 현실을 넘어 우리의 미래를 주관하시는 하나님을 바라보며 최선을 다해 준비해야 한다. 상황과 처지를 불평하지 말고 만군의 여호와의 이름으로 매끄러운 돌 다섯 개를 준비하는 자가 되어야 한다.

이 영적 원리는 소그룹에도 동일하게 적용할 수 있다. 소그룹 리더는 상황이 힘들고 어려워도 소그룹을 통해 이루기 원하시는 하나님의 뜻을 성취할 수 있도록 최선을 다해 물맷돌을 준비해야 한다. 다윗이 준비했던 매끄러운 돌 다섯 개처럼 소그룹 리더에게 필요한 영적 무기를 미리 준비하고 잘 사용할 수 있도록 연마해야 한다.

소그룹을 건강하게 지키기 위해 리더가 평소에 습관처럼 준비해야 할 것은 무엇일까? 소그룹을 무너뜨리려고 위협하며 달려드는 골리앗과 싸워 이기기 위해 교회와 소그룹 리더가 준비해야 할 매끄러운 물맷돌은 무엇일까? 소그룹의 건강을 좌우하는 핵심 요소가 무엇인지 사도행전에 나타난 초대교회의 모습을 통해 살펴보기로 하자.

첫 번째 요소는 예배다. 예배를 화살표로 표시하면 위를 향한 모습이다. 예배란 하나님께 올려드리는 것이다. "그들이…떡을 떼며 오로지 기도하기를 힘쓰니라…하나님을 찬미하며…"(행 2:42, 47). 사도행전에 나오는 소그룹의 모습은 함께 예배하는 모임이다.

소그룹이 하나님의 임재를 풍성하게 경험하기를 기대하며 경배와 찬양과 기도로 하나님께 영광을 돌리는 것이 소그룹의 분명한 목적이다. 우리는 하나님이 하시는 말씀을 들을 뿐만 아니라 하나님께 반응해야 한다. 기도와 찬양, 봉헌, 헌신과 같은 다양한 형태로 응답할 수 있다. 여러 방식으로 하나님의 말씀에 반응하는 소그룹이 되어야 한다. 모일 때마다 또 흩어질 때마다 함께 예배하는 것이 진정한 공동체를 이룬 소그룹의 모습이다.

두 번째 요소는 하나님의 말씀이다. 화살표로 표시하면 아래를 향한다. 하나님의 말씀은 위로부터 이 땅의 백성에게 임한다. 사도행전 2장 42절은 "그들이 사도의 가르침을 받아…"라고 말한다. 이는 소그룹 구성원이 함께 그리스도 안에서 성장하는 데 헌신했음을 보여준다. 사람들은 하나님의 음성을 듣고 싶어 한다. 하나님의 뜻을 구하며 발견하기를 원한다. 하나님의 음성을 들으려면 소그룹에서 하나님의 말씀을 읽고 묵상하는 시간을 가져야 한다. 초대교회 성도들은 사도들의 가르침을 받고 자신들의 가정과 여러 관계 속에서 하나님의 말씀을 실천하기 위해 힘을 다했다. 서로를 반가워하고 감사하는 것에서 멈추지 않고 그리스도의 제자로 함께 훈련하고 성장했다. 하

하님 말씀을 향한 이러한 자세와 목적이 공동체 소그룹의 모습이다. 우리는 말씀을 통해 우리 자신과 공동체를 향한 하나님의 뜻을 깨닫고 있는가? 하나님이 말씀하실 때 그분의 세미한 음성에 귀를 기울이고 있는가? 우리가 속한 소그룹이 하나님 말씀을 배우고 순종해 영적으로 성장하는 일에 관심과 열정을 가졌는지 돌아보아야 한다.

세 번째 요소는 교제다. 화살표로 표시하면 밖에서 안쪽을 향한다. 사도행전에 나오는 초대교회의 모습은 주 안에서 함께 교제하는 모임이었다. 그리스도의 몸 된 교회의 구성원이 된다는 것은 하나의 새로운 가족, 하나님의 가족, 영적이고 영원한 가족이 되는 것을 의미했다. "떡을 떼며 기쁨과 순전한 마음으로 음식을 먹고"(행 2:46)라는 말씀은 구성원들이 소그룹 안에서 교제를 나누었음을 보여준다.

소그룹에서 함께 식사하는 시간을 갖는가? 서로 웃고 즐겁게 지내는 경험을 하고 있는가? 서로 베풀고 섬김으로 만남이 더 깊어지도록 마음을 다하고 있는가? 성경이 말씀하는 소그룹은 사무적인 용건이나 성경을 공부하기 위한 모임이 아니라, 그리스도 안에서 교제하기 위해 힘쓰는 모임이다. 또한 "각 사람의 필요를 따라 나눠주며"(행 2:45) 섬겼다는 말씀은 사도행전에 기록된 초대교회의 소그룹이 서로서로 섬기는 삶을 살았음을 보여준다. 당시 소그룹은 지원하고 배려하며 베풀고 구제하면서 서로를 섬기고 공동체의 필요를 채우는 데 헌신한 성도들로 인해 든든히 세워졌다. 소그룹을 통해 자신의 영적, 육적 필요를 채우는 데서 끝내면 안 된다. 하나님이 각자에게 주신 은사로 서로의 짐을 나누어 지며 사역을 함께 감당하는 것이 성경에 부합하는 소그룹이다.

네 번째 요소는 **전도**다. 화살표로 표시하면 안에서 밖을 향한다. 전도는 초대교회 소그룹이 기쁨으로 감당했던 중요한 활동이다. "주께서 구원 받는 사람들을 날마다 더하게 하시니라"(행 2:47). 이 말씀은 초대교회 소그룹이  전도에 힘썼음을 보여준다. 잃어버린 바 되었고 죽어가는 이 세상에 그리스도의 메시지를 전하는 것은 믿는 자들의 책임이다. 기회가 있을 때마다 개인으로 또 그룹으로 진리를 드러내야 한다. 말뿐만 아니라 행동으로 진리를 선포해야 한다. 소그룹은 구성원 혼자로는 다 감당하기 어려운 전도의 사명을 함께 완수할 수 있도록 돕는 능력의 장(場)이다. 즉, 전도 대상자를 위해 함께 기도하고, 그리스도의 사랑을 전하기 위해 힘을 모으는 든든한 동지들의 모임이 되는 것이다. 구성원 각자가 또는 그룹으로 함께 전도할 때 주님이 날마다 구원받는 사람을 더해주신다. 우리의 소그룹은 밖을 향해 닫혀 있는가, 아니면 열려 있는가? 소그룹에 전도의 사명이 있음을 분명히 인식해야 한다.

마지막 다섯 번째 요소는 계승이다. 소그룹을 통해 다음 세대 리더(지도자)가 세워져야 한다. 화살표로 표시하면 왼쪽에서 오른쪽을 향한다. 소그룹은 미래를 바라보며 준비해야 한다. 사도행전 6장 초반부를 보면 초대교회는 일곱 명의 지도자를 세웠다. 당시 예루살렘 교회는 오순절 성령 강림 이후 급성장했다. 엄청나게 빠른 속도로 교회가 부흥하면서 새로운 필요가 생기기 시작했다. 특정 부류의 사람들에게 구제비가 제대로 전달되지 않는 문제가 벌어진 것이다. 그들은 이 문제를 해결하려고 새로운 지도자들을 세웠다. 물론 그 당시에도 영적으로 힘이 있고 능력이 충만한 열두 사도가 지도자로 교회를 이끌고 있었다. 하지만 이들의 능력만으로는 급변하는 예루살렘 교회의 필요를 채울 수 없었다. 그래서 합당한 지도자들을 세워서 일을 맡겼다. 교회는 외부에서 용병처럼 사람을 데려다 쓰지 않았다. 성도들 가운데서 세웠다. 즉, 교회 안에서 지도자들이 자라고 세워진 것이다. 소그룹 사역의 성패는 또 다른 소그룹을 이끌 수 있는 리더를 키워내는 것에 달려 있다.

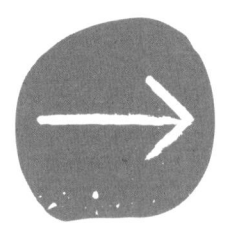

　사도행전은 우리에게 소그룹의 건강을 측정할 수 있는 이러한 다섯 가지 핵심 요소를 보여준다. 소그룹이 모일 때마다 이 다섯 가지 목적에 언제나 동일한 노력을 기울여야 한다는 것은 아니다. 하지만 적어도 이 다섯 가지 목적을 균형 있게 추구하도록 서로를 돌아보아야 한다. 이런 성경의 목적과 방향을 염두에 두고 소그룹을 점검하라. 그렇게 할 때 다윗이 시내에서 매끄러운 물맷돌 다섯 개를 준비한 것처럼 우리도 건강한 소그룹을 세우는 데 필요한 다섯 개의 물맷돌을 예비할 수 있다.

1부 | 교회와 소그룹

【아이스 브레이크】

※ **1부를 시작하기 전에 먼저 4-5명 정도의 소그룹으로 모임을 나누고 각 그룹마다 리더를 선출하라.**
첫 시간에는 연장자를 리더로 세우고 아래의 나눔을 진행하게 하라.

소그룹을 어떻게 묘사할 수 있을까? 다음 문장을 완성해보라.
"소그룹은 _____(이)다. 왜? _____(이)기 때문이다."
한 사람씩 돌아가면서 자신의 문장을 소개하고 왜 그렇게 묘사했는지 나누게 하라.

예)
- "소그룹은 <u>산속 깊이 쳐놓은 텐트</u>다. 왜? 우리가 서로 기대지 않는다면 우리는 서 있을 수도, 서로를 따뜻하게 해줄 수도 없기 때문이다."
- "소그룹은 <u>전주비빔밥</u>이다. 왜? 우리에게는 각자 고유한 모양과 특징이 있지만, 함께 버무려졌을 때 환상적인 맛을 내기 때문이다."
- "소그룹은 <u>야전 병원</u>이다. 왜? 상처받고 지쳐서 온 이곳에서 건강을 회복하고 기운을 되찾은 데다가 친구까지 얻었기 때문이다."
- "소그룹은 <u>사과나무 과수원</u>이다. 왜? 소그룹에 올 때마다 향기로운 사과나무 아래에 있는 것 같은 기분이 든다. 이곳에서 나의 신앙이 자랐고, 그 열매들을 함께 나눌 수 있었기 때문이다."
- "소그룹은 <u>아기 새가 들어 있는 둥지</u>다. 왜? 이곳에서 양육받고 보호받고 있다고 느끼기 때문이다."

1장

왜 소그룹인가

이 땅에 교회가 존재할 때부터 교회는 하나님의 소망이었다. 지금도 교회는 하나님의 소망이며 앞으로도 그럴 것이다. 또한 우리가 사는 이 시대에 아무리 짙은 어둠이 깔려도 교회는 시대의 소망이다. 그렇기 때문에 하나님은 지대한 관심과 사랑으로 교회를 돌보신다.

교회에 대한 성경의 설명 중 우리가 기억해야 할 가장 강력한 비유는 교회가 '하나님의 가족'이라는 것이다. 여기서 가족은 나와 그리스도의 관계, 그리스도인과 하나님의 관계에 기초한 개념이다. 이 가족의 머리는 하나님 아버지시다. 바울은 그것을 이렇게 말한다.

"너희가 아들이므로 하나님이 그 아들의 영을 우리 마음 가운데 보내사 아빠 아버지라 부르게 하셨느니라"(갈 4:6).

그러므로 모든 성도는 자신을 신성한 가족의 일원으로 여겨야 한다. 교회가 이 본질을 회복하려면 교회 안에서 소그룹을 활성화해야 한다. 일주일에 몇 번 대그룹으로 모여 드리는 예배만으로는 교회의 핵심이자 본질인 가족 공동체를 경험할 수 없다. 하나님의 가족 된 공동체로서 하나님나라를 실현하려면 한 사람도 소외되지 않고 가족의 사랑을 경험할 수 있는 소그룹이 있어야 한다.

소그룹이 목회의 핵심이라고 말할 수 있는 이유는 소그룹 안에서 교회가 하나의 가족임을 온전히 경험할 수 있기 때문이다. 또한 그 안에서 성도들이 겪는 삶의 문제가 치유되고 강력한 변화가 일어나기 때문이다.

한국교회는 소그룹을 통해 지속적인 성장을 경험했다. 구역 또는 속회라고 불리는 소그룹 제도는 오래전부터 교회 안에 있었으나 언제부터인가 소그룹다운 영향력을 끼치지 못하고 제도로만 명맥을 유지해왔다. 그런데 최근 들어 많은 교회가 잊고 있던 소그룹의 중요성을 인식하기 시작했다. 그러나 소그룹 체제로 바꾼다고 해서 모두 성공적으로 운영할 수 있는 것은 아니다. 왜일까?

소그룹은 리더가 준비되지 않으면 실패할 수밖에 없다. 리더의 한계는 곧 소그룹의 한계를 의미한다. 따라서 소그룹 사역의 핵심은 소그룹을 이끄는 리더다. 소그룹 사역의 성공 여부는 어떤 훈련을 통해 어떤 자질을 갖춘 리더들이 배출되어 소그룹을 이끌어가느냐에 달려 있다.

셀 목회나 가정교회 이론을 접목하는 많은 목회자가 실패하는 이유는 건강한 평신도 리더들이 준비되지 않았는데 그룹만 나누어놓기 때문이다.

이 책은 성경이 말하는 건강한 교회론의 관점에서 균형 잡힌 소그룹의 기본 요소를 다룬다. 소그룹 리더가 품어야 할 교회와 소그룹에 대한 건강하고 균형 잡힌 관점을 제공함으로 같은 비전과 꿈을 갖고 사역에 임할 수 있도록 기획했다. 단순히 지식을 나누는 시간으로 끝나지 않도록 충분히 생각하고, 나누며, 참여할 기회를 제공할 것이다. 함께 고민하고 기도하는 가운데 구체적인 변화의 열매를 얻게 되기를 바란다.

많은 교회가 소그룹을 운영하면서도 소그룹이 가진 역동성을 경험하지 못하고 열매를 맺지 못하고 있다. 전통적인 교회에서 셀이나 가정교회 사역을 무리하게 도입했다가 어려움을 겪기도 한다. 왜 소그룹 사역을 하면서도 그 능력을 맛보지 못할까? 왜 많은 교회의 소그룹 사역이 피상적이고 소그룹의 모양만 갖춘 채 멈추어 있을까? 이러한 고민과 부담을 갖고 소그룹 사역 현장을 진단해보아야 한다. 먼저 소그룹이 왜 필요한지 그리고 어떤 소그룹이 필요한지 살펴보자.

소그룹의 뿌리

소그룹 사역이 필요한 이유는 성경에서 그 근거를 찾아야 한다. 성경은 하나님이 원하시는 교회의 모습을 분명하게 보여주기 때문이다. 소그룹의 뿌리는 삼위일체 하나님께 있다. 아래 창세기 말씀에서 확인해보자.

"하나님이 이르시되 우리의 형상을 따라 우리의 모양대로 우리가 사람을 만들고"(창 1:26).

이 말씀에서 우리는 삼위일체 하나님을 만난다. 한 분이신 하나님은 성부, 성자, 성령의 삼위(三位)로 존재하시지만, 동일한 본질로 완벽한 하나를 이루셨다. 삼위일체 하나님은 서로 다른 위격으로 함께 의논하시며 사역하셨다. 『소그룹 사역을 위한 성경적 기초』(Biblical Foundations for Small Group Ministry, SFC 출판부 역간)를 집필한 개러스 아이스노글(Gareth Icenogle)은 하나님의 이 모습이 소그룹의 원형이라고 설명한다.

하나님이 인간을 창조하실 때를 생각해보자. 하나님은 아담을 창조하신 뒤 사람이 혼자 거하는 것이 좋지 못하다고 하시며 돕는 배필을 지어주셨다. 아이스노글은 "소그룹은 처음부터 있었다. 하나님은 남자와 여자를 지으시고 믿음의 소그룹 안에서 함께 살게 하셨다"라고 말한다. 하나님이 창조하신 인간의 모습 속에 삼위일체 하나님의 존재 양식이 반영되었다. 성자 예수님도 공생애를 시작하실 때 소그룹을 만드시는 사역부터 시작하셨다(마 4:18-22, 눅 6:13-16). 예수님이 공생애 가운데 가장 많은 시간과 열정을 투자하신 것이 열두 명의 제자를 부르시고 그들과 더불어 지내시는 일이었다. 겟세마네 동산에서 십자가 죽음을 앞두시고 고민하시며 기도하실 때 예수님은 소그룹의 후원이 필요하셨다. 그곳으로 기도하러 가시기 직전에 베드로와 야고보, 요한에게 당신의 감정을 말씀하시면서 기도로 후원해줄 것을 요청하셨다(마 26:38).

초대교회는 하나님이 만드신 교회의 원형이다. 초대교회는 소그룹의 기초 위에 세워졌다. 성도의 교제와 새 생명의 기쁨을 맛볼 수 있는 곳이 가정에서 모이는 소수의 성도 모임이었다. 사도행전 2장 42-47절은 예루살렘 교회가 어떻게 구성되고 기능했는지를 보여준다.

바울은 교회를 그리스도의 몸으로 설명한다. 고린도전서 12-14장에 나오는 교회에 대한 몸의 개념은 우리가 서로에게 절대적으로 필요한 존재라는 점을 가르쳐준다. 우리의 몸이 여러 지체가 서로 연결되어 상호 의존적인 것처럼 그리스도의 몸 또한 여러 지체가 상호 의존적인 관계를 맺고 있다. 주님의 몸 된 교회의 지체인 우리는 다른 지체의 도움 없이는 살 수 없다. 혼자서는 어떤 일도 할 수 없다. 하나님이 성도들에게 은사를 주셔서 공동체를 이루게 하신 것도 힘을 모아 사역함으로 하나님의 뜻을 이루게 하시려는 것이다.

주님이 우리에게 서로 감당하라고 주신 많은 명령은 공동체 안에서 함께 순종할 때만 완수할 수 있다. 많은 사람이 모여 드리는 예배와 같은 대그룹 모임에서는 이루어질 수 없다. 개개인이 자신들이 겪고 있는 어려움과 문제, 관심 그리고 승리를 나눌 수 있도록 편안함을 제공하는 소그룹에서만 상호 의존적인 인간관계를 맺을 수 있다. 사랑의 실천(요일 3:11-18)은 서로의 짐을 지는 것이고, 서로로 인해 기뻐하는 것이며, 배운 교훈을 서로 나누는 것이다. 또한 서로를 세워주는 것이고, 서로 돕는 것이며, 서로의 말에 경청하는 것이고, 좋은 것을 함께 나누는 것을 의미한다. 소그룹은 이러한 성경의 개념들을 우리 삶에 실천할 수 있는 장을 제공해준다.

현대 사회에 요구되는 소그룹

소그룹 사역은 성경뿐 아니라 현대 사회의 문화와 생활 양식에도 잘 맞는다. 이미 오래전 가족 제도가 핵가족 제도로 변화되었고, 우리나라의 경우 부부 세 쌍당 한 쌍이 이혼하며 가정이 파탄에 이르고 있다. 가정이 해체되고 가족의 기능이 상실된 사회를 살아가는 우리는 자신의 외로움을 채워줄 따뜻한 인간관계를 찾고 있다.

도심의 아파트는 익명의 숲이다. 아파트 주민의 절반 이상이 옆집 사람의 이름을 모르고 지내도 아무런 불편함을 못 느낀다. 옆집에 어떤 사람이 살고 있는지 관심이 없다. 심지어 옆집 사람이 죽은 지 한 달 뒤에 발견될 정도로 이웃과의 관계는 삭막해졌다. 서로의 프라이버시를 존중한다는 이유로 이웃에게 간섭받지 않으려는 모습과 '네 할 일이나 하라'는 식의 사고가 이제는 교회 안에도 스며들었다. 그래서 하나님과의 개인적인 관계만을 강조하다 보니 삶의 여러 영역에서 감당해야 할 성도의 역할이 약화되었다. 소그룹은 이처럼 이웃을 상실한 사람들에게 진정한 이웃 사랑을 회복시켜준다.

현대인은 시간만 나면 일명 바보상자라 불리는 텔레비전 앞에 앉아 생활하는 지극히 수동적인 자세의 사람들이 되었다. 미디어 산업은 운동경기와 영화, 만화 등의 프로그램으로 시청자의 흥미를 끌고 거의 모든 사람의 관심을 사로잡고 있다. 텔레비전 앞에서는 가족과의 대화도 "조용히 좀 해봐라. 이것 좀 들어보자"는 식으로 단절되고 만다. 소그룹은 우리가 이런 수동적 사고방식에서 벗어나 다른 사람들의 삶에 적극적으로 동참하는 태도로 바꾸어주는 역할을 한다.

    삶의 터전을 자주 옮기는 오늘날의 생활 양식으로 인해 오랫동안 지속적으로 서로를 든든히 붙잡아줄 인간관계는 점점 사라지고 있다. 잦은 이사로 친구를 빨리 사귈 수 있는 기술을 터득하기도 하지만, 오랜 시간을 함께하는 친구를 만들기는 쉽지 않다. 우리는 너무 많은 사람과는 관계를 맺을 수 없다. 하지만 소그룹은 그리스도인으로서 성장할 수 있는 지속적인 친구 관계를 세워준다.

    오늘 우리 사회는 공동체에서 이탈하여 점점 고립되어가고 있다. 물질문명의 하이테크(High Tech) 시대를 사는 현대인의 가슴에는 저마다 텅 빈 구멍이 생겼고, 그 쓰라린 가슴을 어루만져줄 하이터치(High Touch)를 갈망한다. 이러한 시대적 요청은 한 사람 한 사람을 귀하게 여기고, 각 사람의 필요를 민감하게 인식해 도움의 손길을 펼 수 있는 소그룹 사역이 절실히 필요함을 교회에 역설한다. '군중 속의 고독'을 경험하며 외로운 나그네로 살아가는 현대인에게 정말 필요한 것은 '나와 너'의 인격적 관계 속에서 서로의 필요를 채워줄 수 있는 진정한 그리스도인 공동체다.

2장
소그룹의 유익

소그룹은 영적 성장을 돕는 가장 좋은 환경이다. 소그룹 안에서는 모두가 선생이 되고 모두가 학생이 된다. 모두가 풍부한 학습 자원이다. 지식뿐만 아니라 인생 경험을 통해 얻은 지혜는 서로에게 좋은 영향을 끼친다. 각기 다른 환경에서 자라며 얻은 다양한 관점과 통찰력을 나누며, 각각 다른 삶의 경험에서 서로 배울 수 있다. 그러므로 소그룹에서는 한 사람의 일방적인 소통보다는 참여한 모든 사람이 쌍방으로 통행하는 의사소통이 중요하다. 자신이 참여하여 발견한 지식은 기억에 오래 남고 행동으로 옮길 가능성이 높다. 이런 과정에서 성령의 역사가 일어난다.

소그룹이 가진 강력한 힘

소그룹은 돌봄을 베풀 수 있는 가장 좋은 사역 현장이다. 신약성경에 50번 넘게 나오는 "서로…하라"는 명령은 하나님의 가족이라면 누구나 순종해야 하는 것이다. "서로 사랑하라. 서로를 위해 기도하라. 서로 격려하라. 서로 권면하라. 서로 용납하라." 이러한 명령은 고립되어 살아가는 사람은 결코 실천할 수 없다. "서로…하라"는 명령에 순종하는 첫걸음은 옆에 있는 형제자매의 이야기를 잘 들어주는 것이다. 사람들은 자기 말을 들어주지 않는 사람에게는 사랑을 느끼지 못한다. 소그룹에서는 서로의 이야기를 잘 들어주기 때문에 서로를 잘 이해하게 되고, 각자가 가지고 있는 인생의 필요를 채울 수 있다. 소그룹은 지체들 각자의 영적 수준과 삶의 형편에 따른 다양한 필요를 채워줄 수 있는 강력한 힘이 있다.

또한 우리는 소그룹을 통해 공통점을 발견한다. 소그룹에서 다른 사람들의 이야기를 듣다 보면 모두가 같은 문제로 갈등하거나 기쁨을 누리고 있으며, 같은 필요를 가지고 있다는 사실을 발견하게 된다. 이때 '우리는 같은 배를 탔다'는 동지 의식을 갖게 된다. 누군가의 문제가 우리 모두의 문제라는 의식을 갖게 되면 여기에서부터 자신의 문제를 해결할 수 있는 실마리를 찾을 수 있다. 그뿐만 아니라 우리는 소그룹을 통해 다양성을 발견할 수 있다. 나는 하나님이 만드신 독특한 존재라는 사실을 확인하게 된다. 하나님이 내게만 주신 은사가 무엇인지를 발견하고, 내가 가지고 있는 은사 중에서 다른 사람들에게 기여할 수 있는 것이 무엇인지를 알게 된다.

소그룹은 하나님이 내게 주신 사명을 이룰 수 있는 가장 좋은 장소다. 우리는 우리끼리 사랑하는 것을 넘어서 이 세상 사람들을 사랑해야 하는 사명을 받았다. 이런 면에서 우리는 주님의 몸 된 교회의 손과 발이고 눈과 귀다. 예수님은 우리를 통해 지금도 이 땅에서 일하고 계신다. 각자에게 주신 은사에 따라 우리가 해야 할 일에 우리를 참여시키신다.

소그룹 사역이 활성화되면 하나님을 믿지 않는 많은 사람이 교회 안으로 들어갈 수 있는 다양한 통로가 생긴다. 처음부터 예배에 참석하기 어려운 사람들은 소그룹에서 믿음 생활을 시작할 수 있다. 아무리 기독교를 적대시하는 분위기의 집안에서 자랐다고 하더라도 이웃집에서 모이는 소그룹에는 부담 없이 참여할 수 있기 때문이다. 소그룹에서 경험하는 따뜻한 환대와 관심은 비신자의 마음을 여는 열쇠가 된다. 이런 면에서 소그룹은 가장 효과적인 전도 방편이다.

또한 교회가 건강하게 성장하는 가장 확실한 방법은 소그룹이다. 릭 워렌(Rick Warren) 목사는 "모든 교회는 더욱더 크게 그리고 더욱더 작게 성장해야 한다"[1]라고 말했다. 건강한 교회는 계속 자라게 되어 있다. 그러나 반대로 성장에만 몰두하는 교회는 교회의 기능을 다 하지 못하는 허약한 조직으로 변질된다. 성장만 추구하는 교회의 성도들은 아무도 자신에게 관심이 없다는 것을 한결같이 불평한다. 그들에게 교인은 그저 목회자의 야망을 채워 주는 소모품일 뿐이다. 소그룹은 기독교 공동체가 건강하게 성장하기 위한 핵심이다.

이런 관점에서 우리 교회의 소그룹 사역을 자세히 들여다보고 점검할 필요가 있다. 우리는 그 어느 시대보다도 소그룹에 관한 관심이 지대한 시대를 살고 있다. 그러나 어떤 관점과 동기로 소그룹을 바라보느냐에 따라 그 열매는 달라진다. 소그룹에 대한 관심이 고조되고 있지만, 자칫하면 한때의 유행처럼 사그라질 수 있다. 우리는 하나님의 교회를 교회답게 세운다는 관점과 동기로 소그룹 사역에 다가가야 한다.

다양한 형태의 소그룹

모인 사람의 수가 적다고 해서 다 소그룹이 아니다. 소그룹의 역동적인 기능이 발휘되고 있느냐가 중요하다. 많은 교회에서 다양한 이름으로 소그룹 사역을 하고 있지만, 그 소그룹이 성경적인지 그리고 이 시대의 사명을 감당하고 있는지 먼저 진단해보아야 한다. 진단 없이는 처방도 없다. 객관적이며 균형 있는 안목으로 사역 현장을 진단해보라. 그리고 건강하지 못한 면이 있다면 과감하게 수술하고 건강한 공동체의 모습을 되찾아야 한다.

일반적으로 교회가 운영하는 소그룹은 다음의 네 가지 동심원으로 설명할 수 있다.

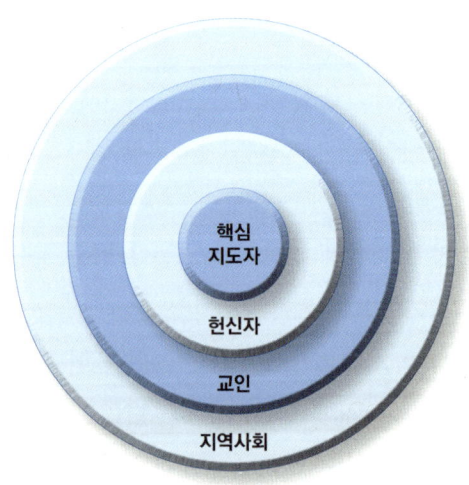

가장 바깥쪽 원은 교회가 속한 지역사회(community)를 말한다. 여기에 해당하는 것으로 지역사회를 전도하고 봉사하기 위한 전도 소그룹이 있다. 교회에 나오지 않는 사람들도 교회 안으로 들어올 수 있도록 징검다리 역할을 하는 다양한 형태의 소그룹으로 동호회와 비슷하게 움직인다. 교회에는 지역사회를 위한 다양한 형태의 소그룹이 필요하다. 지역사회에 있는 비신자들이 교회에 들어올 수 있는 접촉점을 만드는 것이 이 소그룹의 목적이다. 전도 소그룹을 개발하려면 지역주민의 삶을 살펴보고 그들의 필요를 찾아 돕는 소그룹이 필요하다. 꽃꽂이, 테니스, 골프, 종이접기, 탁아방, 컴퓨터 등의 동호회를 운영하면서 비신자들과 관계를 맺는 소그룹도 가능하다. 자원봉사 소그룹을 만들어 도움의 손길이 필요한 사람들에게 다가갈 수도 있다. 중·고등학생들의 진학 지도를 돕는 공부방이나 방과 후 운동 클럽을 운영하는 것도 좋은 방법이다.

다음으로, 교회에 출석하는 교인(congregation)을 위한 공동체 소그룹이 있다. 우리가 보통 구역, 셀, 가정교회 또는 다락방이라고 부르는 형태의 소그룹을 말한다. 이 소그룹은 교회에서 모이기 쉽도록 지역별로 또는 삶의 스타일이 비슷한 사람끼리 묶어준다. 이 안에서 예배와 친교, 영적 성장, 전도가 이루어진다. '교회 안의 교회'라고 표현되는 이러한 소그룹은 마치 모세혈관과 같이 교회에 소속된 모든 교인에게 영적 자양분을 공급한다.

셋째, 영적 지도자로서 준비되기를 원하는 헌신자(committed people)를 위한 제자훈련 소그룹이 있다. 소그룹 리더를 키우는 제자훈련이나 리더십 훈련이 여기에 해당한다. 이 과정을 통해 소그룹을 이끄는 구역장, 셀 리더, 순장을 포함하는 교회의 핵심 지도자들을 양성한다. 이런 형태의 소그룹은 예수님이 사도들을 부르시고 3년 동안 훈련해서 파송하신 소그룹을 모델로 한 것이다. 이 그룹의 대상은 앞으로 펼쳐질 사역을 위해 헌신된 사람들이기에 많은 사람이 참여할 수 없는 단점이 있다. 하지만 반면에 그리스도의 강한 제자를 길러내는 장점이 있다. 교회의 영적 지도자를 세우는 이러한 제자훈련 소그룹은 공동체 소그룹의 건강도를 결정짓는 중요한 열쇠가 된다.

마지막으로, 가장 안쪽에 있는 원은 핵심 지도자(core leader)를 위한 소그룹이나 핵심 리더 그룹을 말한다. 소그룹을 이끄는 리더들과 교회 전체를 대표하는 당회나 운영위원회가 여기에 속한다. 이 소그룹은 다른 동심원에 속한 소그룹과는 전혀 다른 형태로 운영된다.

이 책에서 집중적으로 다루는 소그룹은 동심원의 두 번째에 해당하는 공동체 소그룹이다. 공동체 소그룹의 리더로서 소그룹을 이끌어가는 데 필요한 매끄러운 다섯 개의 물맷돌을 준비하는 것이 우리의 사명이다. 이제 각각의 물맷돌에 대해 살펴보자.

2부 | 첫 번째 물맷돌, 예배

건강한 소그룹은
진정한 예배 공동체다

【아이스 브레이크】

하나님의 이름 찾기

목동이었던 다윗은 하나님을 "나의 목자"라고 노래했다. 나중에 사울에게 쫓겨 숨어다니던 그는 하나님을 "나의 높은 산성"이라고 고백했다. 사라의 학대를 피해 광야로 도망갔던 하갈은 하나님의 이름을 브엘라헤로이, 즉 "보시는 하나님"이라고 지어 불렀다.

당신이 만나고 경험한 하나님은 어떤 분인가? 당신의 삶에 비추어 고백할 수 있는 당신만의 하나님 이름을 찾아보라. 왜 그런 이름을 붙였는지 소그룹에서 나눠보라.

3장
예배, 공동체와 개인

예배는 하나님의 사랑에 대한 우리의 반응이다. 나를 사랑하시는 하나님께 반응하고 응답하는 것이 예배다. 하나님은 항상 먼저 무엇인가를 하신다. 하나님은 우리를 창조하셨고, 우리를 선택하셨으며, 우리를 구원해주셨다. 또 우리에게 복을 주시며 우리를 지키신다. 이 모든 것으로 인해 우리는 하나님께 나아가 감사드리며, 좋으신 하나님을 찬양하고 예배한다. 모든 성도는 예배자다.

예배에는 두 가지 형태가 있다. 공동체 예배와 삶으로 드리는 예배다. 성도들이 시간을 정해놓고 모여서 하나님께 올려드리는 공동체 예배는 우리 삶에서 가장 압축적이고 숭고한 가치를 지닌다. 따라서 우리는 예배의 유일한 관객이신 하나님께 미리 준비하여 최상의 것으로 올려드려야 한다.

오케스트라 연주회 장면을 떠올려보자. 연주에 앞서 단원들은 각자 자신의 악기를 점검하며 음을 맞춘다. 저마다 자신의 악기 소리에 집중해서 조율하는데 이때 나오는 소리는 음악이 아니다. 소음에 가깝다. 하지만 지휘자가 들어와 지휘봉을 들어 올리고 신호를 주면 멋진 하모니가 울려 퍼진다. 그리스도인들의 예배도 이와 같다.

마태복음 18장 19-20절에서 예수님은 이렇게 말씀하신다. "진실로 다시 너희에게 이르노니 너희 중의 두 사람이 땅에서 합심하여 무엇이든지 구하면 하늘에 계신 내 아버지께서 그들을 위하여 이루게 하시리라 두세 사람이 내 이름으로 모인 곳에는 나도 그들 중에 있느니라." 여기서 "합심하여"라는 표현에 사용된 헬라어 '쉼포네오'(συμφνέω)는 함께 소리를 내는 것, 즉 한목소리를 내는 것을 의미한다. 심포니(symphony)라는 영어 단어가 여기에서 유래했다.

함께 드리는 예배

믿는 성도가 함께 예배드리는 것은 하나님의 뜻이다. 삼위일체 하나님이 자신의 형상대로 우리를 지으셨다는 것은 우리를 공동체로 창조하셨다는 말이다. 공동체로 살아가는 것은 우리가 선택할 사항이 아니다. 하나님의 명령이다. 하나님은 자신의 백성이 공동체를 이루어 함께 하나님을 예배하는 것을 기뻐하신다.

"그들이 사도의 가르침을 받아 서로 교제하고 떡을 떼며 오로지 기도하기를 힘쓰니라"(행 2:42)는 말씀은 초대교회가 공동체로 매주 모여 말씀과 성만찬 그리고 삶을 나누었음을 가르쳐준다. 거룩한 성도가 함께 드리는 공동체 예배는 세상의 가치로 설명할 수 없는 귀한 것이다. 마르틴 루터도 공동체의 가치를 이렇게 설명했다. "내가 집에서 홀로 있을 때는 내 속에 뜨거움이나 활기가 없었는데, 교회에서 무리가 함께 모이니 내 마음속에 불이 붙고 불빛이 비쳤다."

공동체로 드리는 예배는 우리가 하나님께 드리는 가장 밀도 있는 예배다. 그런데도 오늘날 많은 성도가 대형교회의 화려한 예배 속에서 익명성을 보장받고 개인의 프라이버시를 지키는 것을 선호한다. 예배가 공동체성을 상실하면 십자가 복음의 능력도 상실할 수밖에 없다. 성도는 하나님과의 개인적인 친밀감을 넘어서 자신이 믿음 공동체의 일원이라는 정체성을 회복해야 한다.

하지만 개인적인 삶의 예배가 뒷받침되지 않는 공동체 예배는 아무 의미가 없다. 이사야 1장 11-17절에서 하나님은 이스라엘 백성의 제사를 받지 않겠다고 말씀하셨다. 왜 그러셨을까? 그것은 제사의 형식에 문제가 있었던 것이 아니라 그들의 손에 피가 가득했기 때문이다. 그들은 입술로만 예배드렸을 뿐 마음은 다른 곳을 향해 있었다. 마음을 다해 예배드리지 않으니 성전 밖에서 행동의 변화로 이어지지 않았다.

산상수훈에서 예수님은 소금이 맛을 잃어버리면 사용할 수가 없게 되어 모두 내다 버려야 한다고 말씀하셨다. 교회가 맛을 잃어버리면 종교적인 습관과 전통만 남게 된다. 그리스도의 제자로서 보여줘야 할 짠맛은 사라지고 쓴맛만 남는 것이다. 그렇게 되면 그리스도인이 참여하는 땅 위의 모든 일도 하나님을 기쁘시게 하는 예배가 아니라 하나님이 혐오하고 불쾌하게 여기시는 것이 된다. 하나님은 이렇게 손에 피가 가득한 제사를 받지 않으신다.

성경에 기록된 예배

예배에 관한 성경의 첫 번째 기록은 창세기 4장 2-5절에 나온다. 가인과 아벨이 드린 예배 이야기다. 형 가인은 농부였고, 동생 아벨은 "양 치는 자", 즉 목자였다. 가인은 농부였으므로 땅에서 거둔 곡물로 제사를 드렸다. 아벨은 목동이었으므로 양의 첫 새끼를 잡아 그 기름으로 제사를 드렸다. 그런데 하나님은 아벨의 제사는 받으시고 가인의 제사는 받지 않으셨다. 하나님은 아무 예배나 받으시는 분이 아님을 알 수 있다. 그렇다면 하나님은 어떤 예배를 받으시는가?

히브리서 11장 4절에서 "믿음으로 아벨은 가인보다 더 나은 제사를 하나님께 드림으로 의로운 자라 하시는 증거를 얻었으니"라고 증언한다. 그렇다면 더 나은 제사는 어떤 것인가?

창세기 4장 3-5절의 표현을 살펴보자. 아벨의 제물에는 "첫 새끼", "그 기름"(개역한글은 "기름진 것"으로 표현) 등 가장 좋은 것을 드렸다는 설명이 있지만, 가인의 제물은 그저 "땅의 소산"일 뿐이었다. "양의 첫 새끼와 그 기름으로"라는 말은 그가 '자기 양 떼의 첫 새끼 가운데서 가장 살진 것'을 드렸다는 말이다. 아벨은 하나님께 드릴 예배를 준비했다. 반면 가인은 단지 때가 되어서 혹은 별생각 없이 동생을 따라 제사를 드렸다. 아벨은 마음을 다해 예배드렸지만, 가인은 아무 정성도 없는 제물로 형식만 남은 예배를 드렸다.

창세기 4장 3-5절은 "아벨과 그의 제물"은 받으셨고, "가인과 그의 제물"은 받지 않으셨다고 말한다. 여기서 주목할 것은 여호와가 단지 제물만 받는 분이 아니라는 것이다. 그분은 제물을 드리는 사람과 그 제물을 동시에 받으신다. 제물을 드리는 행위와 행위자의 마음은 별개일 수 없음을 말해준다. 하나님은 아벨의 제물만 받으신 것이 아니라 "아벨을 받으셨고", 가인의 제물만 거절하신 것이 아니라 "가인을 거절하셨다." 하나님은 제물이 아니라 제물을 드리는 사람을 중요하게 보신다. 예배의 핵심은 바로 예배자다.

의미 있는 예배

진정한 예배는 예배당에서 이루어지는 것이 아니다. 성경공부나 큐티를 통해서도 아니다. 예배는 일상의 생활, 날마다 하는 흔한 일들, 우리가 경험하는 일들에서 이루어진다. 우리가 하나님을 위해 하는 모든 일이 예배가 될 수 있다. 진정한 예배는 우리의 일상에서 이루어진다.

모든 성도는 예배자다. 예배에 대해서만큼은 모두 챔피언이 되어야 한다. 그리고 공동체로 드리는 예배와 개인의 삶으로 드리는 예배가 균형을 잘 이루어야 한다. 시간을 정해 공동체가 모여 하나님께 올려드리는 예배는 우리 삶에서 가장 압축적이고 숭고한 가치를 지닌다. 어떤 일이 있어도 삶의 우선순위에 두고 지켜야 할 소중한 것이다.

동시에 삶으로 드리는 일상에서의 예배가 제대로 이루어질 때 공예배가 의미 있게 된다. 순종이 곧 예배다. 그러므로 우리의 삶을 거룩한 제물로 드려야 한다. 주일 예배는 삶으로 드리는 예배의 연장이어야 한다. 보통 예배드리는 시간은 일주일 중 3시간

정도다. 모든 예배에 다 참석한다면 8시간까지도 가능하다. 그런데 일터에서 보내는 시간은 하루 8시간씩 주 5일 근무로 계산하면 40시간에 이른다. 열 배가 넘는 시간을 직장에서 보내는 것이다. 하지만 그 시간이 삶으로 드리는 예배가 되도록 훈련되어 있지 않다. 예배당 밖으로 나가서 예배하라. 당신의 몸을 살아 있는 영적 예배로 드리라.

　이 두 가지 측면에서 소그룹 예배를 점검해보라. 예배자로서 자기 모습을 돌아보라. 내가 드리는 예배는 하나님이 기뻐 받으실 만한 예배인가? 마음속 깊숙한 곳에서 우러나오는 예배를 드리고 있는가? 하나님이 기뻐하시는 삶과 인격으로 예배드리고 있는가? 하나님이 베푸신 은혜에 감사하며 그분의 놀라운 사랑에 감사하여 나 자신을 제물로 올려드리고 있는가? 일주일 동안 자신의 삶을 잘 준비해서 올려드리고 있는가? 하나님이 받으시는 예배가 되도록 온 정성을 기울이는가? 아니면 마음을 모아 집중하지 못하고 산만한가?

【소그룹을 위한 나눔】

◈ 예배의 두 가지 형태는 무엇인가? 소그룹에서 이 두 가지 예배를 균형 있게 드리기 위해 어떻게 해야 하는가?

◈ 시편으로 찬양하기
1. 시편으로 가사를 붙인 찬양 가운데 각자 가장 좋아하는 곡을 하나씩 선정해오도록 한다. 해당하는 시편을 한목소리로 천천히 크게 읽어보고, 각자의 마음에 가장 와닿은 구절이 무엇인지 나누어본다.

2. 각 사람이 좋아하는 찬양 영상을 유튜브에서 찾아 함께 들어보고, 그 곡을 추천한 이유를 설명한다.

3. 악보를 보면서 함께 찬양을 불러보라. 한 주에 한 지체씩 돌아가면서 시편 찬양을 나누라.

4장

고백, 경배와 찬양

　소그룹으로 드리는 예배의 요소에는 찬양과 기도가 있다. 찬양을 가리켜 일반적으로 '경배와 찬양'이라고 표현한다. 둘의 의미를 나누자면 경배는 '하나님의 하나님 되심을 인정하고 그분을 온전하게 바라보는 것'이고, 찬양은 '하나님이 나의 삶에 베푸신 일을 드러내어 그분을 높여드리는 것'이라 할 수 있다.

　많은 사람이 찬양 시간은 말씀을 듣기 전에 마음 문을 여는 과정 정도로 생각한다. 그래서 "준비 찬양합시다"라고 말한다. 하지만 찬양은 그런 것이 아니다. 찬양은 하나님이 내 인생에 어떤 분인지를 고백하며 그분의 이름을 높이는 것이다. 그러므로 올바로 찬양하려면 하나님이 어떤 분인지를 알아야 한다.

나의 경험, 나의 하나님

　당신에게 하나님은 어떤 분인가? 다윗은 "여호와는 나의 목자시니"라고 노래했다. 어떤 상황에서는 "주는 나의 산성"이라고 고백했다. 다윗은 자신이 삶으로 경험하고 깨달은 것을 고백한 것이다. 사실 "여호와는 나의 목자"를 우리의 고백으로 삼기에는 어려움이 있다. 우리는 양을 쳐본 적이 없기 때문이다. 그래서 목자가 어떤 의미인지 제대로 이해하지 못한다. "왕이신 나의 하나님"이라고 찬양하지만, 우리는 왕을 모셔본 적이 없다. 그래서 왕이 어떤 의미인지 정확히 모른다.

그렇다면 우리는 하나님을 어떤 존재로 표현할 수 있을까? 우리가 경험해보지도 못한 시대와 장소에서 했던 고백보다는 우리 삶의 정황 속에서 표현할 수 있는 단어로 하나님을 고백할 수 있다면 더욱 실감이 날 것이다.

백령도 포격 사건 때 지하 벙커에 숨어서 목숨을 건진 경험을 한 사람이 "하나님은 나의 지하 벙커"라고 고백한다면 그에게 이보다 생생한 표현이 있을까? 내비게이션의 도움을 많이 받는 운전자가 하나님의 인도하심이 마치 내비게이션과 같다고 생각하고 "하나님은 나의 내비게이션"이라고 표현한다면 많은 사람이 고개를 끄덕일 것이다. 그런 의미에서 찬양은 우리 삶에서 경험한 하나님의 존재를 고백하며 노래하는 시간이라고 할 수 있다.

모두 함께 찬양하려면

소그룹이 함께 하나님께 올려드리는 찬양은 아름답다. 그렇다면 우리는 소그룹에서 어떻게 찬양하고 있는가? 대개 리더가 그 주에 나눌 말씀에 맞추어 곡을 선택한다. 이때 요즘 교회에서 부르는 찬양 중에 성도들이 은혜를 가장 많이 받는 곡을 고려하는 것도 좋다. 선곡은 중요하다. 하지만 그보다 더 중요한 것은 하나님과 올바른 관계 속에서 찬양하는 것이다. 찬양을 드리기 전에 성령의 인도하심에 민감할 수 있도록 우리의 생각을 집중해야 한다. 소그룹에 속한 누구도 소외되지 않고 함께 참여하는 것이 중요하다.

리더가 찬양을 잘 준비하면 매우 은혜롭다. 하지만 그중에는 찬양에 집중하지 못하는 사람도 있다. 심지어 조는 사람도 있다. 전날 밤을 새우며 일하고 왔다면 그럴 수 있다. 이런 사람들도 찬양의 자리에 참여할 수 있도록 이끌어야 한다. 집중하지 못하는 사람에게 가사를 읽어달라고 부탁하는 것도 좋다. 가사를 읽으면서 찬양에 집중할 수 있고, 또 은혜를 받을 수도 있다.

누군가가 가사를 읽고 있는데 집중하지 못하고 있는 또 다른 사람이 보인다면 어떻게 해야 할까? 그럴 때는 이렇게 질문해보라. "지금 귄 집사님이 가사를 읽었는데, 김 집사님은 이 중에 어느 절이 가장 마음에 와닿으세요?"

찬양하기 전에 이렇게 요청함으로 가사를 음미할 수 있고 찬양에 집중할 수 있다. 가사를 함께 읽으면서 찬양 속에 각자의 믿음을 담아보게 하라. 찬양을 자신의 고백으로 삼은 다음, 함께 부르면서 하나님께 올려드리라. 찬양을 부르고 난 다음에는 함께 기도하는 시간을 가져도 좋다.

모든 지체가 잘 알고 있는 찬양을 선곡하는 것이 좋다. 가끔 배우기 쉬운 찬양을 소개하여 자연스럽게 새로운 곡을 익히는 것도 좋은 방법이다. 하지만 그 빈도수가 높지 않도록 주의하라. 모임 전에 그 주간에 부르고 싶은 곡을 추천받는 것도 좋다. 리더가 좋아하는 곡을 일방적으로 선택하기보다 지체들이 찬양을 선택할 기회를 주어 그들이 소그룹과 더 긴밀한 관계를 맺을 수 있도록 마음을 쓰라.

후렴부터 찬양을 시작하는 것도 좋다. 대부분 사람에게 익숙한 부분에서 찬양을 시작하면 주의를 끄는 데 도움이 된다. 또한 찬양 가사에 따라서 시선을 처리해야 한다. 하나님께 노래할 때는 눈을 감는 것이 좋다.

【소그룹을 위한 나눔】

◈ 함께 은혜를 나누기에 적절한 찬양을 찾기 위해 지체들에게 다음과 같이 질문하라.

1. 당신의 인생 찬양은 무엇인가? 그 곡에 담긴 자신의 간증을 나누고 함께 찬양하자.

2. 최근에 가장 은혜받은 찬양은 무엇인가?

3. 이번 한 달 동안 성도들이 가장 은혜를 받고 있는 찬양은 무엇인가?

4. 오늘 함께 나눈 말씀에 적합한 찬양은 무엇이라고 생각하는가?

5장
기도, 하나님을 의지하며 나아감

소그룹은 기도를 훈련하는 장이다. 소그룹 리더는 참여하는 지체들을 위해 매일 기도하는 사람이어야 한다. 그의 모범을 따라 지체들도 기도하는 습관을 갖게 되고 점점 더 오래 기도할 수 있게 된다. 소그룹에서는 기도에 관해 설명하기보다는 기도하는 시간을 갖는 것이 중요하다. 함께 무릎을 꿇고 기도하는 시간을 가질 때 기도를 통해 역사하시는 하나님을 경험할 수 있다.

예배가 하나님의 사랑에 대한 우리의 반응이듯, 기도 역시 우리를 찾으시는 하나님을 향한 응답이다. 시편은 우리가 기도할 때 늘 참고해야 할 교과서다. 유진 피터슨(Eugene Peterson)은 『하나님께 응답하는 기도』(Answering God: The Psalms As Tools For Prayer, IVP 역간)에서 시편을 우리에게 말씀하시는 하나님을 향한 응답이라고 소개한다. 시편은 인간이 처하는 다양한 상황에 역사하시는 하나님의 모습을 보여주며, 동시에 그런 현실에서 하나님께 반응하는 인간의 감정들로 가득 차 있다. 시편에서 우리는 인생의 위기에서 구원해주시는 하나님을 만나고, 처절하게 몸부림치는 죄인을 사랑하시는 하나님을 만난다. 소그룹에서 시편을 펼쳐놓고 묵상하면서 기도를 배우고, 시편 저자와 함께 기도할 때 하나님과 더 깊이 교제하는 자리로 나아갈 수 있다.

함께 기도하면서 소그룹의 결속력은 강해진다. 소그룹을 묶어주는 가장 튼튼한 재료가 기도의 끈이다. 하루 일정 가운데 시간을 정해 지체들의 얼굴을 떠올리면서 해결돼야 할 그들의 문제들과 영적 건강을 위해 기도하다 보면 그들을 향한 하나님의 사랑을 느낄 수 있다. 이 놀라운 사랑의 경험으로 소그룹은 진정 하나가 된다.

서로를 위해 기도하는 사람들은 소그룹 모임에 도착하자마자 안부를 묻는다. 단순히 안부를 묻는 것이 아니라 지난 한 주간 동안 함께 기도했던 일들에 대해 하나님의 응답을 확인한다. 그 결과를 들으며 때로는 감사의 찬양을 올리고, 때로는 더욱 간절히 기도의 자리로 나아간다.

소그룹 모임을 위한 가장 효과적인 준비는 그리스도의 발 앞에서 시작된다. 모임을 준비하기 전에 먼저 아래의 제목을 우선순위에 놓고 기도하라. 기도할 때는 성령님을 철저히 의지해야 한다.

- 모든 지체가 한마음 한뜻이 되게 하옵소서.
- 악한 적들의 공격에서 지체들을 보호해주옵소서.
- 지체들을 향하신 하나님의 뜻이 무엇인지 분명히 깨닫게 하시고, 그 뜻이 이루어지게 하옵소서.
- 하나님이 우리 소그룹을 사용하셔서 상처받은 영혼들, 그

리고 아직 예수 그리스도를 모르는 사람들에게까지 나아가게 하시며 그들을 품게 하옵소서.
- 모임을 위해 오늘 집을 열어준 가정에 은혜를 베풀어주시고 평강으로 함께하옵소서.
- 오늘 모임에서 모든 지체가 하나님의 임재를 경험하게 하시고 주님과 더욱 가까워지는 공동체가 되게 하옵소서.
- 리더인 제게 평안과 자신감을 주옵소서.

기도는 하나님을 의지하는 것을 뜻한다. 우리는 당면한 문제와 필요를 가지고 기도함으로 하나님께 나아가지만, 기도는 일방적인 통보가 아니다. 기도는 하나님이 모르시는 것을 우리가 알려드리는 것이 아니다. 하나님은 우리가 간구하는 것을 이미 알고 계신다. 기도는 하나님을 신뢰하며 그분께 의지하는 것이다. 또 우리가 간구하는 일에 대한 하나님의 뜻을 구하는 것이다. 하나님이 이미 우리에게 주신 말씀을 돌아보며, 이렇게 이해하는 것이 맞는지 하나님께 겸손히 다시 여쭙는 것이 기도다.

교회의 지체 됨을 가장 잘 누리는 것이 바로 소그룹 '도고'다 (일반적으로 '중보기도'라고 부르지만, '타인을 위해 드리는 기도'라는 의미로는 '도고'라고 하는 것이 정확한 표현이다). 서로를 위해 함께 기도하는 도고는 다른 지체들을 자신의 삶에 중요한 부분으로 받아들일 때 가능하다. 그래서 찰스 스펄전 목사는 "도고의 정신은 자신의 모든 것을 내어주신 하나님의 속성과 일치한다"라고 했다. 서로를 위해 기도해주는 관계야말로 서로에게 가장 큰 축복이다. 도고는 이런 관계를 자연스럽게 형성해주기 때문에 소그룹이 더욱 건강해진다.

소그룹에서 나눈 문제들을 놓고 서로를 위해 기도하면, 그 문제들이 오히려 하나님이 역사하시는 통로가 된다. 즉, 기도는 우리의 문제를 하나님의 문제로 만드는 힘이 있으며, 기도를 통해서 모임 가운데 나타내시는 하나님의 역사를 경험할 수 있다. 기도하는 곳에 하나님의 역사가 나타난다. 소그룹에서 하는 도고는 세상을 변화시키는 가장 강력한 힘이다. 지체 한 사람 한 사람을 위해 소그룹이 함께 기도할 때 하나님의 역사가 나타난다.

소그룹은 기도 훈련의 장이 되어야 한다. 지체 모두가 힘을 합해 통성으로 기도할 수도 있고, 순장이 대표로 기도할 수도 있다. 하지만 지체 한 사람씩 기도하게 하여 그룹의 기도 수준을 높여야 한다. "나 기도시키면 모임에 안 나옵니다"라고 협박하는 사람도 있다. 하지만 기억하라. 그런 사람은 기도를 안 시켜도 나오지 않을 것이다.

기도의 문제는 결국 소그룹에서 은혜를 받느냐의 문제다. 은혜가 없는 소그룹에는 사람들이 모이지 않는다. 이탈하는 사람들만 생길 뿐이다. 어떻게 하면 소그룹에서 은혜를 받아 누리게 할 수 있을까? 모든 지체가 성장할 수 있도록 도와야 한다. 기도를 못 하던 사람이 기도하는 사람으로 성장하게 도와주어야 한다. 리더가 혼자 기도를 도맡아 하면 다른 지체들은 '우리 리더는 참 은혜스럽게 기도하는구나' 하면서 감탄할지 모르지만, 사실은 지체들이 성장할 기회를 빼앗은 것이다.

한 문장 기도

지체의 기도가 성장하도록 돕는 방법이 있다. '한 문장 기도'를 하는 것이다. 돌아가면서 각자 한 문장씩만 기도하는 것이다. 맨 마지막에 리더가 "예수님의 이름으로 기도합니다"로 마무리하면 된다. 리더가 기도의 주제를 정해주고 리더의 오른쪽에 있는 사람부터 시작해서 두 마디도 하지 말고 딱 한 마디만 하게 한다. 오늘 받은 은혜에 대해 자신의 결심을 말씀드려도 좋고, 지난 주간에 있었던 일 가운데 감사한 것을 말씀드려도 좋다. 가능하다면 함께 손을 잡으라. 서로 손을 잡고 하나가 된 것처럼, 우리의 기도도 하나님께 올라간다는 것을 기억하라.

이런 방식으로 기도하면 한 번도 기도해보지 않은 사람이 처음으로 입을 열어 기도하는 경험을 하게 된다. 한마디를 하는 것도 어려워했던 사람이 두 마디를 기도하게 된다. 이렇게 기도의 걸음마를 떼면 다음에는 한 바퀴만 돌았던 기도가 두 바퀴나 세 바퀴로 길어져도 계속 기도할 수 있다.

기도하는 경험을 반복하다 보면, 그룹을 대표해서 기도할 수 있게 된다. 리더가 기도 제목을 주고 그것을 위해 기도해달라고 부탁하면 어려움 없이 기도할 수 있다. 교회 공동체를 위한 기도, 목회자를 위한 기도, 소그룹 리더를 위한 기도 그리고 나라와 민족을 위한 기도까지 할 수 있게 된다.

혼자 기도할 때도 개인 기도 제목을 시작으로 가정, 소그룹, 교회 그리고 지역사회를 위해 기도하고 나아가 열방을 품고 세계 선교를 위해서도 기도할 수 있도록 훈련해갈 수 있다.

【소그룹을 위한 나눔】

◆ 소그룹에서는 기도에 대해 아는 것보다 함께 기도를 경험하는 것이 중요하다. 다음의 방법으로 함께 기도하라.
1. 모든 지체가 '한 문장 기도'를 함께 드린다.
2. 각자 기도 제목을 나누고 자신의 왼쪽에 있는 사람을 위해 돌아가며 기도한다.
3. 모임을 마무리할 때 지체의 이름을 적어놓은 종이에서 각자 한 장씩 뽑은 다음, 일주일 동안 그 사람을 위해 기도한다.

◆ 함께 금식하기
1. 모든 지체가 함께 금식하라. 음식을 먹지 않는 방식으로 또는 다른 것을 절제하는 방식으로 금식할 수 있다.
2. 건강에 문제가 있는 사람은 음식이 아닌 다른 것을 절제할 수도 있다. 미디어 금식, 스마트폰 금식도 가능하다.

◆ 소그룹으로 함께 기도할 수 있는 제목
개인적인 기도 제목에 머무르지 말고 다음과 같은 제목으로 기도하면 소그룹 기도 시간이 더욱 역동적이고 신선해진다.
1. 교회의 목회자를 위해: 목회자들의 기도 제목을 알려달라고 요청한다.
2. 교회가 후원하는 선교사를 위해: 교회가 후원하고 있는 모든 선교사 명단과 기도 제목을 수집하고 그들을 위해 기도한다.

3. Top 10 리스트를 위해: 소그룹 지체들이 주중에 만난 비신자 중 10명의 명단을 작성한다. 그들의 마음이 열리고 복음의 씨앗이 뿌려지도록 이 명단을 가지고 기도한다.
4. 신문이나 시사 잡지를 활용한 기도: 신문이나 시사 잡지에서 기도 제목으로 삼을 만한 것을 찾아 스크랩한 뒤 이 제목을 놓고 함께 기도한다.

6장

삶으로 드리는 예배

예배는 기본적으로 '드리는 것'이다. 창세기 4장에 나오는 가인과 아벨의 제사에서도 "드렸다"라는 말이 거듭 나온다. 오늘날 우리는 예배를 말할 때 주로 '받는 것'에 초점을 둔다. 목회자의 설교나 찬양대의 찬양을 두고 은혜를 받았는지 못 받았는지로 표현한다. 하지만 예배의 핵심은 우리가 무언가를 받는 것이 아니라 하나님께 드리는 것이다. 예배는 하나님께 돌려드리는 것이다. 하나님이 우리에게 베풀어주신 것에 반응하는 것이다. 우리가 하나님께 무언가 되돌려드리는 것이 예배고 그것이 하나님을 기쁘시게 한다. 일주일 동안 엉망으로 살다가 예배 시간에 회개한다고 해서 예배자로서 잘 준비되는 것이 아니다. 예배는 지금까지 살아온 우리 삶의 열매를 준비해서 하나님께 드리는 것이다. "하나님이 제게 주신 시간, 물질, 인간관계, 직업을 가지고 이렇게 살았습니다. 저를 보호하시고 은혜를 주신 하나님, 감사합니다. 사랑합니다." 하나님의 놀라운 사랑에 이렇게 응답하는 것이 예배다.

우리는 주일에 예배드리기 위해 모인다. 그러나 사실은 이 예배를 위해 지난 일주일을 산 것이다. 그 삶은 바로 이 예배를 드리기 위한 것이었다. 따라서 주일에 드리는 예배는 한 주 동안 삶으로 드리는 예배의 절정이라고 할 수 있다. 우리는 이 예배를 드리려고 일주일을 준비한 것이다.

바울은 로마서 12장 1절에서 이렇게 말한다. "그러므로 형제들아 내가 하나님의 모든 자비하심으로 너희를 권하노니 너희 몸을 하나님이 기뻐하시는 거룩한 산 제물로 드리라 이는 너희가 드릴 영적 예배니라." 몸을 드린다는 것은 삶을 드리는 것이다. 예배자로서 지녀야 할 순전한 마음은 우리가 삶으로 드리는 예배에서 생겨난다.

로렌스 형제가 300여 년 전 영성에 관해 쓴 『하나님의 임재 연습』(*The Practice of the Presence of God*, 두란노 역간)은 예배에 관한 책 중 가장 영향력 있는 책으로 꼽힌다. 그는 자신이 어떻게 하나님과 지속적으로 동행했는지를 기록했다. 로렌스 형제는 시끄러운 주방에서 냄비나 프라이팬을 닦을 때나, 홀로 무릎을 꿇고 기도할 때나 동일한 마음으로 하나님 앞에 머물렀다고 고백한다. 그는 이것을 "모든 행위 하나하나마다 끊임없이 하나님의 임재를 연습하는 기술"이라고 불렀다. 그는 우리에게 "계속해서 하나님과 동행하는 것보다 더 잘사는 방법은 세상에 없다"라고 말한다.

소그룹은 각자의 경험으로 갖게 된 고백과 지체들과 함께 부르고 싶은 찬양을 선곡해 와서 마음을 모아 부르는 작은 찬양 집회다. 교회의 공예배에서 찬양 사역자들과 함께 부르는 찬양도 좋지만, 자기 삶의 고백을 담아 소그룹에서 경험하는 찬양 집회는 음악의 수준에 상관없이 깊은 감동을 남긴다.

【소그룹을 위한 나눔】

◆ 배운 것을 실천하는 방법

1. 말씀 묵상
성경공부 시간에 은혜를 받은 짧은 문장이나 성경 구절을 택해 한 주간 동안 묵상하고 연구한 다음, 기도할 것을 약속한다. 하루에 여러 차례 그 구절에 집중하도록 계획한다. 일어나자마자, 일하다 쉴 때, 점심을 먹을 때, 운동을 시작할 때, 잠자리에 들 때까지 말씀에 집중한다.

2. 감사 표현
모임을 마치고 흩어지기 전 2-3명씩 서브그룹을 만들어 시를 쓰거나 노래를 만들거나 그림을 그리거나 짧은 연극 대본을 작성해서 하나님께 감사를 표현한다.

3. 격려와 축복
모임을 마치고 돌아가기 전 격려의 말로 축복하는 시간을 갖는다. 둥글게 둘러앉아 '격려받을 한 사람'을 정한다. 그에게 격려가 되는 말을 돌아가면서 한다. 격려받는 사람은 아무 말도 하지 않는다. 모두가 격려의 말을 하고 난 뒤에 시간적 여유가 있으면 또 다른 사람을 뽑아 그에게 격려하는 과정을 반복한다.

4. 플로잉(Flowing) 예배
작은 나눔으로 예수님의 사랑을 실천한다. 쓰지 않는 물건 중 다른 사람에게 필요할 만한 것을 나눈다.
- 지정 플로잉: 물건을 나눌 상대를 지정해서 준다.

- 비지정 플로잉: 물건을 모아놓고 필요한 사람이 손을 들도록 한다. 손을 든 사람이 여럿이면 가위바위보 등 간단한 방법을 정해 받을 사람을 정한다.

【리더를 위한 점검 질문】　　　　　　　　　　　　　첫 번째 물맷돌, 예배

점검 질문	점수
1. 소그룹에서 예배할 때 하나님의 임재를 경험하는가?	10
2. 소그룹 안에서 하나님의 이름을 높이며 찬양하는 시간을 충분히 가지고 있는가?	10
3. 소그룹에서 기도 응답을 받을 것으로 확신하며 하나님께 기도하는가?	10
4. 소그룹 안에서 우리에게 내려주신 하나님의 은혜에 감사하는가?	10
5. 예배드릴 때 한 주간의 삶을 잘 준비해서 올려드리고 있는가?	10
6. 소그룹에서 드리는 예배에 마음 깊은 곳에서 우러나오는 진정성을 담고 있는가?	10
7. 지체들이 매일 경건의 시간(큐티)을 통해 하나님과 교제하는 시간을 보내는가?	10
8. 소그룹에서 경배와 찬양의 시간을 통해 은혜를 받는가?	10
9. 소그룹에서 기도할 때 각 개인의 기도 제목뿐만 아니라 교회와 목회자, 선교사를 위해서도 기도하는가?	10
10. 지체들이 기도할 때 의무감으로 그치지 않고 기쁨을 누리고 있는가?	10
총점	100

3부 | 두 번째 물맷돌, 말씀

건강한 소그룹은
말씀이 살아 역사하는 공동체다

【아이스 브레이크】

"지난주 내 영적 상태를 날씨로 표현하면 _____ 다."

위 문장의 빈칸에 들어갈 적합한 표현을 아래 예시에서 찾아 완성하고, 자신의 영적 상태에 관해 나눠보라. 예시에 없다면 자신만의 문장으로 맨 아래 칸에 써넣으라.

- 구름 한 점 없는 파란 하늘이었다.
- 미세먼지 걱정 없는 쾌청한 날씨였다.
- 구름이 약간 끼었고 비 올 확률 30퍼센트 정도의 날씨였다.
- 다음 주에도 좋지 않은 날씨가 이어질 것이 확실하다.
- 오늘 밤 다시 영하로 내려갈 가능성이 있으나 차차 포근해질 것이다.
- 연일 폭염이 이어지고 있다. 몸도 마음도 화상을 입었다.
- 영하 15도에 바람까지 부는 찬 날씨였다.
- _____.

7장
말씀 중심의 소그룹

　　소그룹 사역은 하나님 말씀에 기초를 둔다. 성경 말씀은 우리의 지성이나 감정보다 더 확실한 권위의 원천이다. 하나님은 말씀을 통해 뜻을 계시하신다. 그리스도인의 모임인 소그룹이 하나님 말씀에 기초하지 않는다면 동창회나 반상회와 다를 것이 없다. 그리스도인이라면 누구나 성경에 드러난 하나님의 뜻을 받아들이고 그 말씀에 응답해야 한다. 지체들이 소속감을 느끼고, 모임 시간을 의미 있게 여기며, 각자 영적으로 성장하는 것을 체험하려면 반드시 소그룹 모임 시간에 성경을 공부하고 그 말씀에 비추어 자신의 모습을 나누는 시간을 가져야 한다. 또한 소그룹 리더는 지체들이 주중에 꾸준히 성경을 묵상하는지 점검하고 성경공부를 미리 준비해오도록 독려해야 한다.

말씀에서 시작되는 변화

　　소그룹 사역을 강조하는 사람들 가운데 성경 말씀보다 삶을 나누고 서로 격려하며 돌보는 일이 더 중요하다고 주장하는 이들이 있다. 이들은 소그룹에서 말씀을 나누는 시간보다 서로의 삶을 돌보는 일에 더 많은 시간을 할애하고, 말씀을 가르치는 시간을 최소화하라고 말한다. 실제로 소그룹에서 성실하고 주의 깊게 성경을 다루지 않는 경우가 많다. 마치 개회 선언을 하듯 성경 한 구절을 읽거나 정해진 분량을 돌아가면서 성경을 읽는 것이 전부인 경우도 있다. 지난주 설교를 요약하는 것으로 그치는 경우도 허다하다. 그리고 나머지 시간은 지체들의 신변잡기, 경제, 교육, 시사, 건강 이야기 등으로 채운다.

물론 소그룹 안에서 말씀을 제대로 다루지 않고 지체들의 관심사만 이야기하며 시간을 보내면 지체들이 모임을 준비하는 데 부담이 없고, 화기애애한 분위기 속에서 시간을 보낼 수 있다. 그러나 모임을 마치고 돌아가는 지체들에게 남는 것은 허무감뿐이다. 그들은 장기적으로는 모임에 나와야 하는 이유를 잃어버리고, 영적으로 조금도 성장할 수 없을 것이다.

소그룹에서 성경을 가르치는 시간을 최소화해야 한다고 하는 주장의 밑바닥에는 '말씀으로는 삶의 변화가 일어나지 않는다'는 이상한 오해가 있다. 지금까지 제자훈련이나 성경공부를 많이 해보았지만 그 효과가 미미했다는 것이다. 혹은 변화가 있기는 하지만 너무 미약하다는 것이다. 성경공부가 겉보기에 괜찮은 신앙인을 만드는지는 몰라도 온 생애를 바칠 수 있는 헌신된 제자를 만드는 데는 실패했다고 생각하는 것이다. 또한 성경공부를 통해 교회 부흥은 일어나지 않고 머리만 큰 신자들만 양산한다고 결론을 내리는 것이다. 정말 그럴까?

하나님 말씀이 우리 삶에 끼치는 영향이 이렇게 미미한 것은 말씀에 그만한 능력밖에 없기 때문인가? 소그룹 환경에서 말씀이 끼치는 영향력이 형편없는 이유는 말씀 때문이 아니다. 말씀을 전하는 사람이나 말씀을 전달하는 과정에 문제가 있기 때문이다.

전통적인 소그룹에서 이루어지는 가르침은 리더가 성경 지식을 일방적으로 전달하는 설교 형태가 대부분이다. 가르치는 일을 전문적으로 훈련받지 못한 평신도들이 공과의 내용을 정리해서 전달하는 경우 지체들이 매우 지루하게 느낄 수 있다. 이런 식으로는 삶에 영향을 끼칠 수가 없다. 그래서 소그룹에 참여하기는 하지만, 성경공부와 예배보다 2부 순서에 제공되는 식사나 세상 돌아가는 이야기를 하면서 나누는 교제에 더 관심을 둔다.

교회에 다니면서도 영적으로 성장하지 못하는 것은 하나님의 말씀 안에 거하는 데 실패했기 때문이다. 성경은 하나님 말씀을 젖과 우유, 떡과 같은 양식에 비유한다. 결국 성장이 멈춰 있는 사람들은 영적 양식에 주려 있는 것이다. 양식을 통해 필요한 영양분을 흡수하지 못하고 달콤한 캔디나 탄산음료 같은 간식으로 끼니를 때운 것이다. 이들에게 진정으로 필요한 것은 참 양식, 곧 하나님 말씀이다.

미국의 윌로우크릭 교회가 2003년부터 2010년까지 7년 동안 1,000여 개 교회를 대상으로 조사한 결과 보고서인 『무브』(MOVE, 국제제자훈련원 역간)에는 이런 내용이 나온다. "모든 개인적인 신앙훈련 중에서도 '성경 묵상'이 다른 어떤 훈련보다도 영적 성장에 훨씬 큰 영향을 미친다…다른 어떤 신앙 훈련보다도 이 요소가 두 배의 영향력을 발휘한다." 그러므로 "성도들에게 규칙적으로 성경을 읽으라고 조언하는 것만으로는 충분하지 않다. 우리는 이것을 당위의 문제로 가르쳐야 한다. 그것을 고집스럽게 요구하라. 그리고 계속해서 그 과정을 주시하라. 매주 성경을 묵상할 것을 성도들에게 도전하라"고 말한다. 이처럼 소그룹 리더는 성경을 공부하지 않고 시간을 보내려는 유혹과 결코 타협해서는 안 된다.

　　일주일에 한 번 참석하는 예배 시간에 제공받는 설교만으로는 필요한 영적 영양분을 다 섭취할 수 없다. 마치 우유 한 컵 마시고 하루를 버티는 것과 같다. 소그룹에서 일방적으로 전달하는, 그것도 10분 이내의 짧은 말씀만으로 영혼에 필요한 영양분을 채울 수 없다. 이 문제를 해결할 방법은 역설적으로 그들이 섭취하기를 거북해하는 하나님 말씀이다. 그렇다면 말씀에 대해 거부감을 느끼는 이들을 어떻게 말씀 앞에 서게 할 수 있을까? 건강한 소그룹은 모든 지체를 즐겁게 말씀 앞으로 이끌고, 그 말씀으로 삶이 변화되게 한다.

소그룹 성경 읽기

　　지체들이 늘 하나님 말씀 앞에 서도록 돕기 원한다면 먼저 말씀을 읽고 듣는 습관을 길러주라. 먼저 추천하는 것은 공동체 성경 읽기다. 이는 여러 사람이 공동체로 모여 함께 성경을 듣고 읽는 것으로 매일 함께 규칙적으로 행하는 신앙의 실천이다. 사도 바울은 디모데에게 교회 공동체를 어떻게 말씀으로 이끌어야 하는지에 대해 다음과 같이 말한다. "내가 이를 때까지 읽는 것과 권하는 것과 가르치는 것에 전념하라"(딤전 4:13). 읽고 권하고 가르칠 것을 명한다. 여기서 '읽는 것'은 공동체로 모여 함께 성경을 읽는 것으로, 하나님 백성에게 중요한 관습이다. 초대교회에서 성경을 읽을 때는 항상 큰 소리로 읽었다. 이렇게 하면 기록된 말씀은 살아 있는 음성으로 전해진다. 초대교회의 성경 읽기는 대부분 한 사람이 대표로 읽고 나머지 성도들이 함께 듣는 '공동 독서'였다.

제프리 아서스(Jeffrey Arthurs)는 자신의 책 『말씀을 낭독하라』 (*Public Reading of Scripture*, 국민북스 역간)에서 공동체 성경 읽기의 중요성을 이렇게 강조한다. "우리는 말씀을 공식적·공개적으로 읽으라고 명령을 받았습니다. 우리가 성경을 공개적으로 읽을 때, 우리는 하나님의 사람들이 해온 일들을 동일하게 할 수 있습니다. 모세, 여호수아, 느헤미야, 예수님 모두 공동체와 함께 성경 말씀을 읽고 듣고 행했습니다." 공동체에서 성경을 소리 내어 함께 읽고 들을 때 변화가 일어난다. 하나님을 알게 되고 우리가 누구인지를 기억할 수 있다.

소그룹에서 공동체 성경 읽기를 어떻게 실천할 수 있을까? 매주 모이는 소그룹을 활용하거나 별도로 성경 읽기 모임을 만들어도 좋다. 특히 여름과 겨울의 소그룹 방학 기간에 모임을 하는 것도 좋다. 3명 이상 구성원을 모으고 장소와 시간과 횟수를 정한다. 그런 다음 모임에서 진행할 공동체 성경 읽기 계획을 선택한다.[1] 모임에서 들을 본문의 오디오 성경과 성경책 그리고 오디오 성경을 재생할 기기(핸드폰이나 아이패드, 태블릿, 노트북과 블루투스로 연결해 사용하는 스피커 등)를 준비한다. 핸드폰 앱인 드라마 바이블을 사용해도 좋지만, 낭독자가 직접 읽어도 좋다. 대면 모임은 물론 줌(Zoom)과 카카오톡 같은 앱을 사용하는 비대면 모임도 좋다.

모임을 시작하면 리더는 참석한 사람들을 환영하고, 그날 읽을 본문을 1-2분 정도 짧게 소개한다. 말씀을 여는 기도로 시편 한 편을 듣는다. 그날 읽을 본문을 다 듣고 잠시 묵상하는 시간을 1분 정도 갖는다. 닫는 기도로 시편 한 편을 듣는다. 읽은 말씀에 대해 묵상한 내용을 나누는 것도 좋다. 모임을 마칠 때 참석자들에게 감사 인사를 한 뒤 다음 모임 일시를 안내하고 참석을 격려한다. 공동체 성경 읽기에 대해 더 자세히 알고 싶다면 다음의 웹사이트를 참조하라. http://ko.prsi.org

소그룹 큐티

성경을 통독하는 것도 우리에게 큰 유익을 주지만, 성경을 묵상하는 것도 중요하다. 큐티 또는 경건의 시간을 갖는 것이다. 통독이 숲을 보는 것이라면, 큐티는 나무를 보는 것이다. 큐티는 개인적으로 말씀을 묵상하고 깨달은 것을 자신의 삶에 적용하는 것이다. 지극히 개인적인 활동이기에 큐티를 지속하는 것은 쉽지 않다. 그런데 이것이 가능하도록 지지해주는 것이 소그룹이다. 각자 큐티한 내용을 소그룹에서 나누는 것은 많은 유익이 있다. 무엇보다 큐티를 하기로 결심한 것을 지속할 힘을 준다. 또한 묵상이 주관적인 해석으로 치우치지 않도록 막아준다. 다른 사람들의 묵상과 나의 것을 비교하면 균형 있는 시각을 갖는 데 도움이 되고 결과적으로 큐티 시간이 더 풍성해진다. 또 서로의 기도 제목을 가지고 도고 기도를 하면서 좋은 관계를 맺을 수 있다.

소그룹 큐티 나눔을 부정적으로 생각하는 사람들도 있다. 성경을 제대로 해석하는 훈련을 받지 못한 성도들은 성경을 잘못 읽거나 자의적으로 해석할 수 있다. 아전인수 격으로 성경 말씀으로 자기가 하고 싶은 말을 하는 경우도 있다. 앞뒤 문맥을 다 잘라 버리고 "내게 능력 주시는 자 안에서 내가 모든 일을 할 수 있느니라"는 말씀을 가지고 "나에게 불가능이란 없다. 아이 캔 두(I can do)!"라고 외칠 수 있다. 욥기 8장 7절의 "네 시작은 미약하였으나 네 나중은 심히 창대하리라"는 말씀은 본문의 맥락을 파악하지 않고 단 한 구절만 주관적으로 잘못 해석하는 대표적인 사례다. 이 말씀은 빌닷이 욥의 믿음과 잘못을 지적하며 회개하라고 책망하는 말이다. 욥이 당하는 고난이 그의 죄악 때문이라고 자신의 관점에서 욥을 판단하며 하는 말이다. 하지만 성도들은 이 말씀이 그저 좋은 축복의 말씀이라고 생각해서 식당과 사업장마다 액자에 넣어 전시하는 실수를 한다. 이런 현상을 꼬집어 '큐티 무용론'을 주장하는 것이다. 하지만 그렇다고 해서 큐티를 하지 말아야 한다는 주장은 도가 지나치다. 마치 강단에서 전해지는 설교가 올바른 해석에 기초하지 못해 기복 신앙으로 치우쳤다고 해서 설교 자체를 없애자고 주장하는 것과 같다. 큐티 무용론은 종교 엘리트주의로 우리를 되돌린다. 종교개혁 시대 이전으로 돌아가자고 하는 것과 같다.

그렇다면 어떻게 해야 할까? 큐티를 비판하는 데서 그치지 말고 건강하게 큐티할 수 있도록 도와야 한다. 큐티를 통해 하나님과 더욱 깊이 교제하고 이를 통해 성도의 매일 매 순간이 예배의 자리가 되도록 이끌어주어야 한다. 고(故) 옥한흠 목사가 이름을 붙인 'D형 큐티', 즉 귀납적 큐티는 이런 문제점을 보완하고 성경을 바르게 묵상하도록 돕는 좋은 방법이다.

골로새서 3장 16절에서 사도 바울은 세워진 지 얼마 안 되는 골로새 교회 성도들에게 이렇게 권면한다. "그리스도의 말씀이 너희 속에 풍성히 거하여 모든 지혜로 피차 가르치며 권면하고." 여기에 나오는 "너희"는 골로새 교회의 모든 성도를 말한다. 성도가 서로를 가르쳐야 한다는 것이다. 목사가 아닌 일반 성도들에게 서로 가르치라고 하는 이 명령은 우리에게 매우 생소하고 당혹스럽다. 그런데 다른 본문에도 동일한 메시지가 나온다. 로마서 15장 14절에서 바울은 "내 형제들아 너희가 스스로 선함이 가득하고 모든 지식이 차서 능히 서로 권하는 자임을 나도 확신하노라"고 말한다. 피차 가르치라는 말은 선생과 학생이 따로 있는 것이 아니라는 말이다. 소그룹은 피차 가르치는 분위기여야 한다. 소그룹 안에서 각자 말씀을 통해 깨닫고 받은 은혜를 서로 가르쳐야 하는 것이다.

우리가 소그룹으로 모이는 목적이 또 하나의 사교 모임을 만들려는 것이 아님을 기억하라. 성도의 친교는 성경 말씀 아래에서 성경의 저자이신 성령이 하나 되게 하심으로 이루어진다는 사실을 믿으라. 분위기에 편승하거나 타협하지 말고 성경을 펼쳐 본문을 다루라. 성경을 공부하고, 거기에 자기 삶을 비춰보는 시간은 신변잡기와 농담을 나누는 것으로는 경험할 수 없는 참된 친교로 인도할 것이다.

【소그룹을 위한 나눔】

◈ 함께 큐티하기

영적으로 어린 사람들은 혼자서 큐티하는 것이 어렵다. 특별한 기간을 정해놓고 영적으로 성숙한 지체와 어린 지체가 짝을 지어 매일 큐티를 함께 하게 하라. 각자가 큐티를 하고 난 뒤 자신이 받은 은혜를 서로 나누는 것도 좋다.

◈ 함께 성경 읽기

성경통독도 큐티와 마찬가지다. 혼자서 성경을 읽는 것이 어려운 지체도 있다. 특별한 기간이나 성경일독과 같은 목표를 정해놓고 함께 성경을 읽을 짝을 만들어주라. 전화나 줌, 카톡 등을 이용해 함께 성경을 읽게 하라.

8장
삶의 변화를 추구하는 소그룹

소그룹을 잘못 운영하면 양극단에 치우친다. 한쪽은 말씀만을 중시하는 소그룹이고, 반대쪽은 교제만을 중시하는 소그룹이다. 만약 어떤 소그룹이 성경과 교리에 관한 지식만을 중요하게 여긴다면 교리를 많이 알고 정답을 제시하는 사람을 성숙한 신자라고 생각한다. 이런 소그룹에서는 말씀을 제대로 알고 있느냐가 판단 기준이다.

이와 반대로 어떤 소그룹은 지체들이 겪는 삶의 어려운 문제와 필요를 이야기하고 하나님이 각자에게 어떻게 역사하셨는지를 나누는 일이 중요하다고 생각한다. 이런 소그룹은 성경 말씀을 연구하고 묵상하며 이해하려는 시도보다는 서로를 품어주고 용납하며 도와주는 것이 소그룹의 본질이라고 생각한다.

빌 도나휴(Bill Donahue)와 러스 로빈슨(Russ Robinson)이 함께 쓴 『소그룹 중심의 교회를 세우라』(*Building A Church of Small Group*, 국제제자훈련원 역간)에서는 이런 양극단을 배제하고, 삶과 진리가 균형을 이루며 변화를 목적으로 하는 소그룹을 추구해야 한다고 말한다. 변화를 중심으로 삼는 소그룹은 삶에 지식을, 지식에 삶을 연결한다. 말씀 중심의 소그룹이 오직 하나님에 관한 것만을 다루고, 교제 중심의 소그룹이 오직 '나'에 관한 것만을 다룬다면, 변화를 추구하는 소그룹은 '하나님과 나'에 관한 것을 다룬다. '어떻게 하면 예수 그리스도를 닮을 수 있을까?'가 중요한 것이지 '2번 질문의 정답이 무엇인가?'가 중요한 것이 아니다.

지체들의 변화를 추구하는 소그룹이 되려면 정답을 제시하려는 강박에서 벗어나 질문과 답이 오가는 대화의 과정을 통해 서로의 삶을 알아가야 한다. 모두가 질문하고 모두가 대답하는 분위기가 되어야 한다. 배우는 것은 소그룹이 아니어도 가능하다. 설교를 경청하면서 고개를 끄덕이며 감동하기도 한다. 하지만 듣기만 할 뿐 구체적인 삶의 적용으로 이어지기가 쉽지 않다. 그러나 소그룹은 우리가 배우고 깨달은 진리에 대해 "하나님은 이렇게 말씀하셨군요. 그래서 당신은요?"라고 묻는다. 그때 진리와 삶이 만난다. 마치 거울을 보고 자신이 누구인지를 발견하는 것과 같다. 그리고 그 말씀을 자기 삶에 어떻게 적용할 것인지를 고민한다. 그런 경험을 하면, 지체들에게 소그룹 시간은 단순한 모임이 아니라 '특별한 순간'이 된다.

소그룹에서 삶의 변화가 일어나려면 가면을 벗어야 한다. 우리는 사람들을 만날 때 가면을 쓴다. 우리의 솔직한 마음은 숨기고 그럴듯한 모습으로 꾸민다. 소그룹에서 진정한 변화를 경험하기 원한다면 가면을 벗는 용기가 필요하다. 동시에 소그룹은 가면을 벗고 자신을 드러내도 괜찮은 안전한 곳이어야 한다. 우리가 타인을 판단하거나 정죄하는 말을 한다면 벗었던 가면을 다시 쓰게 될 것이다. 그러므로 속 깊은 이야기를 웃음거리로 만들지 않도록 유의하라.

소그룹 안에서 삶의 변화를 경험하려면 따뜻한 포용이 있어야 한다. 포용은 사랑과 격려의 표현이다. 존 오트버그(John Ortberg)는 사람들은 모두 "누군가가 우리에게 헌신하며 우리를 사랑한다는 것을 확인하고 싶어 한다"[1]라고 말한다. 대그룹에서는 이런 일이 일어나기 어렵다. 하지만 소그룹은 가능하다. 진심으로 서로를 사랑하고 서로에게 헌신하게 만드는 곳이 소그룹이다. 각자 있는 모습 그대로를 용납하고 들어줄 수 있는 열린 마음으로 소그룹을 가꿔야 한다.

눈높이를 맞추어 소통하라

변화를 끌어내려면 성경 공부가 지체들의 눈높이에서 이루어지는지 점검해야 한다. 하나님은 우리가 아직 죄인이었을 때 우리를 구원하시고 우리와 대화하시려고, 즉 우리가 알아듣도록 의사소통하시려고 우리의 낮은 삶으로까지 내려오셨다. 이것이 '성육신'의 원리다. 소그룹에서 말씀을 나눌 때 성육신의 원리를 적용하면 지체들은 말씀의 본질을 희석하지 않으면서도 지루하고 따분하지 않게 말씀을 받아들일 수 있다.

그런데 배우는 자리까지 내려가는 것은 말처럼 쉽지 않다. 소그룹 리더가 평범한 지체들이 알아들을 수 있는 용어로 설명하지 못하는 경우가 많다. 왜 그럴까? 아마도 오랜 신앙생활에 젖어 자신이 편안하게 느끼는 안전지대를 벗어나기가 싫기 때문이다.

타인의 눈높이에 맞추어 말씀을 나누려면 영적으로 어린 사람들의 표현 방식을 따라 의사소통하려는 자기희생적인 노력과 적극성이 있어야 한다.

어머니가 아무리 박사학위를 가지고 있어도 두 살 난 아이에게 말할 때는 '맘마'나 '까까'와 같은 수준의 단어를 사용한다. 그런 용어를 사용한다고 해서 어머니의 지적 수준을 낮게 평가하는 사람은 없다. 초대 한국교회에서는 글자도 모르던 사람들을 교회로 모아 한글을 공부시키면서 성경을 가르쳤다. 인천의 한 교회가 학력 수준이 낮은 성도들을 제자훈련을 통해 교회의 핵심 지도자로 키울 수 있었던 비결은 바로 성육신적 가르침 때문이었다.

눈높이에 따라 말씀을 나눈다는 것은 각자의 신앙 발달 과정에 맞추어 적절한 도움을 주는 것을 의미한다. 특히 영적으로 수준이 어린 성도들에게는 그들의 눈높이에 맞춘 적절한 표현과 삶의 적용으로 인도하는 말씀의 원리로 삶의 변화를 이끌어내야 한다. 소그룹에서 말씀을 나누는 데 은혜가 없다면, 그 말씀에 능력이 없어서가 아니다. 이때는 말씀을 전하는 방식을 점검해봐야 한다. 소그룹에 참여하는 사람들의 눈높이까지 내려가서 말씀을 나누고 있는지 살펴보라.

눈높이 교육을 제대로 하려면 '동일시의 원리'를 기억해야 한다. 소그룹 리더가 지체와 다르지 않고 그들과 똑같은 문제를 안고 고민하며 씨름하는 사람이라는 공감대를 형성하는 것이 중요하다. 이런 공감대가 형성되면, 사람들에게 '우리는 같은 배를 탄 동지'라는 의식이 생기고 마음의 빗장이 풀려 리더의 말을 받아들일 준비가 된다.

이런 면에서 좋은 리더는 지체에게 자신을 선생으로 드러내며 우위에 서지 않는다. 즉, 자신도 다른 지체들과 똑같이 하나님의 말씀 아래 무릎을 꿇고 그 권위 밑에서 함께 영향을 받아 변화되어가는 사람으로 자신을 인식한다. 리더가 말씀을 통해 인격적으로 변하는 모습을 보여주고, 가정이나 대인 관계에서 문제가 되었던 부분을 하나하나 고쳐나갈 때, 그 소그룹의 지체들은 진정한 변화가 무엇인지 깨닫고, 그들도 리더와 같은 과정을 따라가게 된다. 아울러 리더의 영적 권위도 자연스럽게 세워진다.

【소그룹을 위한 나눔】

◆ **좋아하는 성경 구절 나누기**
자신이 은혜를 받았던 성경 구절을 하나씩 준비해오도록 한다. 모임 시간에 그 구절을 어떤 상황에서 왜 좋아하게 되었는지, 그 말씀이 자신의 인생에 어떤 의미로 다가왔는지를 간증하며 나눈다.

9장
귀납적으로 성경을 묵상하는 소그룹

소그룹에서 하나님 말씀을 나눌 때는 반드시 귀납적으로 접근해야 한다. 매 주일 예배 시간에 듣는 설교를 소그룹에서 또다시 듣는 것은 힘든 일이다. 더군다나 유창하게 잘하는 것도 아니고 진땀을 빼면서 하는 설교는 더욱더 힘들다. 그렇다고 소그룹 모임 시간에 교재에 나오는 질문을 기계적으로 읽고 답하는 것도 바람직하지 않다.

소그룹 인도자가 지체들의 영적 성숙을 도모하려면 그들이 성경을 통해 하나님의 음성을 듣고, 그 말씀에 순종하여 삶이 조금씩 변화되도록 도와야 한다. 소그룹 리더로서 어떻게 하면 지체들이 이런 영적 성숙을 맛보게 할 수 있을까? 말씀으로 변화될 수 있도록 돕는 좋은 도구가 있다. 귀납적으로 성경을 이해하도록 가르치는 것이다.

귀납법적 성경 묵상은 내용 관찰(발견)–연구와 묵상(해석)–느낌–결단과 적용이라는 순차적인 과정을 통해 하나님의 뜻을 발견하고, 그 과정에서 깨닫는 하나님의 세밀한 음성을 자신의 삶에서 그대로 순종하며 살도록 돕는 가장 효과적이고 역동적인 신앙생활 습관이다.

'귀납적'이라는 말이 어떤 의미인지 쉽게 설명하면 다음과 같다. 머리가 깨질 듯이 아파 병원에 갔다. 빨리 주사를 놓든지 약을 주면 좋을 텐데, 의사는 절대로 진단 없이 약을 처방해주지 않는다. 언제부터 아팠는지, 어떻게 아픈지, 얼마나 아픈지를 물어본다. 그리고 청진기를 대보고, 눈을 들여다보고, 입 안을 살핀다. 그리고 피를 뽑고, 더 필요하면 CT를 찍는다. 이런 모든 정보를 모아서 머리가 아픈 이유를 찾아내고 원인에 맞는 처방을 내린다. 결론을 먼저 내리지 않고 관찰해서 얻은 정보를 모아 해석한다. 그 후에 처방을 내린다. 이러한 일련의 과정을 '귀납적'이라 한다.

소그룹의 장점은 지체들을 스스로 깨닫는 과정으로 인도할 수 있다는 것이다. 나눔만으로는 사람이 변하지 않는다. 변화의 중심에는 하나님 말씀이 있다. 그 말씀을 스스로 깨닫도록 도우려면 성경 공부를 인도하는 사람이 귀납적 접근 방법에 익숙해야 한다. 리더가 지체의 삶을 변화시키기 위해 실제로 적용할 수 있는 귀납적 성경 묵상의 네 단계를 자세히 살펴보자.

내용 관찰(발견)

내용 관찰이란 성경 본문이 전달하고 있는 사실을 있는 그대로 인식하고 주목하는 행위다. 이 작업을 하려면 먼저 본문을 전체적으로 관찰해야 한다. 나무를 살펴보기 전에 숲 전체를 살피는 것과 같다. 우선 말씀을 읽기 전에 그것을 관찰하는 우리의 눈이 열리도록 성령님께 기도하라. 그리고 본문을 서너 번 반복해서 읽고 요지를 한 문장으로 요약하거나 제목을 정하라. 긴 본문일 경우에는 단락을 나누고 단락별로 요지를 파악하면 된다. 그리고 좀 더 구체적으로 관찰하는 단계를 밟으라. 숲에 있는 나무를 한 그루씩 자세히 살펴보는 것이다. 내용 관찰을 효과적으로 하려면 다음의 지침을 참고하라.

1) 문학의 장르를 살펴보라. 직관적인 시인지, 통찰력을 나누는 철학인지, 계시를 강조하는 예언인지 살펴보라. 혹은 표현하는 방식이 사건을 설명하는 이야기체인지, 사상을 강조하는 강화체인지도 보라.
2) 육하원칙에 따라 정리해보라. '누가', '언제', '어디서', '무엇을', '어떻게', '왜'와 같은 사실을 파악하는 질문을 던지고 답을 찾아보라.
3) 주어를 파악하고 동사에 집중하라.
4) 접속사를 주의 깊게 살펴보라.
5) 원인과 결과의 관계를 살펴보라. 무엇이 반복되고 강조되고 있는지 알 수 있다.
6) 다양한 번역본을 읽거나 한 본문이라도 여러 번 반복해서 읽으면 본문이 드러내는 중요한 강조점들을 찾을 수 있다.

본문을 구체적으로 관찰하기 위해 질문을 던지는 것도 좋다. 본문을 읽으면서 브레인스토밍처럼 떠오르는 질문을 적어보는 것이다. 이 질문들의 답을 본문에서 찾는다면 그것은 관찰의 결과다. 하지만 본문에서 즉각적으로 답을 찾기 어렵다면 두 번째 단계인 연구와 묵상(해석) 과정을 통해 답을 찾아야 한다.

귀납적 연구에서 가장 지루한 단계는 첫 번째 단계인 내용 관찰이다. 어떤 사람은 관찰이 무슨 의미가 있느냐고 말하기도 한다. "오늘 본문에는 '각 사람'이란 단어가 세 번 나와요. 그래서 어쨌다는 거죠?" 귀납적 성경공부가 익숙한 사람들은 이런 관찰 결과물이 해석을 위한 중요한 단서라는 사실을 알지만, 그렇지 못한 경우에는 굳이 이렇게까지 해야 하는지 의문을 품을 수 있다. 그러다 보니 소그룹에서 성경 본문을 관찰하는 시간을 비교적 짧게 할애한다. 성경공부 교재에서도 관찰 질문은 단순하고 쉽게 다루고 넘어간다. 질문 뒤에 참고로 제공하는 성경 구절을 읽기만 하면 답을 할 수 있을 정도로 간단하게 되어 있다. 하지만 관찰 과정을 쉽게 생각하고 대충 넘기면 풍성한 해석을 할 수 없다.

소그룹 리더는 관찰 과정을 좀 더 꼼꼼하게 진행해야 한다. 수준이 각기 다른 지체들을 배려하면서 각자에게 적절한 관찰 질문을 던져서 본문에 집중해 살펴보도록 기회를 주어야 한다. 그렇게 할 때, 성경을 그저 읽기만 해서는 깨달을 수 없는 사실들이 관찰하는 과정을 통해 드러난다. 그리고 거기서 발견한 단서들을 가지고 연구와 묵상의 단계를 거치면서 묵상이 더 깊어지는 경험을 할 수 있다.

관찰의 과정은 광부가 땅속 깊이 굴을 파고 들어가 광물을 채취하는 중노동과 같다. 그냥 멍하니 바라보고 있다가 깨닫게 되는 것이 아니다. 조금 지루해 보이지만, 성실하게 관찰의 과정을 수행하면서 다양한 단서들을 얻으면, 거기서 얻은 통찰들이 마음 깊이 새겨지고 오랫동안 머물게 되어 삶의 변화로 이어진다.

연구와 묵상(해석)

연구와 묵상(해석)은 내용 관찰 과정에서 발견한 사실들을 깊이 연구하고 묵상하는 해석의 단계다. 성경이 전달하고자 하는 본래의 의미와 메시지를 찾는 것이다. 다시 말해 내용 관찰을 통해 발견한 질문들의 답을 찾아가는 과정, 즉 자문자답의 과정이라고 할 수 있다.

이 '해석'의 과정은 연구와 묵상으로 나눌 수 있다. '연구'가 외적인 노력, 즉 2차 자료를 활용해서 답을 찾는 과정이라면, '묵상'은 내적인 노력, 즉 깊이 생각하면서 본문의 의미 속으로 거룩한 상상력을 발휘해 들어가는 과정이라고 할 수 있다. 세종대왕 때 기록된 용비어천가를 해석하려면 역사적, 정치적 배경은 물론 그 당시의 문법이나 관용적 표현 등을 먼저 잘 이해해야 한다. 마찬가지로 성경도 우리와 다른 언어, 문화, 역사적 배경 속에 살았던 사람들이 기록한 것이기 때문에 해석의 과정을 거쳐야 한다.

이 과정에서는 성경 해석의 원리를 따라가야 한다. 몇 가지 원리를 정리하면 다음과 같다.

1) **문맥을 따라 해석하라.** 문맥은 본문의 앞뒤에 붙어 있는 부분을 말한다. 성경 해석은 앞뒤 문맥으로 이해해야 한다.

2) **저자의 의도를 염두에 두고 해석하라.** 성경을 읽는 자신의 선입관을 버리고 성경을 기록한 저자의 의도와 처음에 이 성경을 읽었던 독자들의 필요를 생각하며 본문을 읽어야 한다.

3) **역사적·문화적 배경을 이해하고 읽으라.** 성경은 역사적 삶의 현장에서 기록한 것이다. 그러므로 당시의 역사적 배경을 이해하는 것은 필수다.

4) **성경은 성경으로 해석하라.** 성경은 서로 모순되지 않는 유기적인 통일성을 지닌다. 그러므로 모호한 구절은 더욱 명백한 병행 구절로 해석해야 한다.

5) **가장 자연스러운 의미를 찾으라.** 존 스토트(John Stott)는 이 원리를 '평이의 원칙'[1]이라고 했다. 성경을 해석할 때는 명백하고 자연스러운 뜻을 찾아야 한다.

6) **해석의 과정에서 참고할 수 있는 2차 자료를 활용하라.** 먼저 좋은 번역본들이 도움이 된다. 성경을 해석하겠다고 하면서 개역개정판 성경에만 의존하는 것은 무모하고 게으른 태도다. 한글 역본으로는 표준새번역, 공동번역, 현대인의 성경, 쉬운성경 등이 있다. 영어 역본으로는 흠정역이라고도 하는 킹 제임스 버전(King James Version)이 있다. 그 외에 도움이 되는 성경으로 NIV(New International Version), NASB(New American Standard Bible), ESV(English Standard Version) 그리고 좀 더 쉽게 풀이된 NLT(New Living Translation)가 있다. 성경에 나오는 중요한 단어를 순서대로 나열하면서 그 단어가 포함된 성경 구절들을 찾아놓은 성구 사전도 도움이 된다. 단어의 의미를 정확하게 해석하려면 국어사전도 필요하다. 그 외에 성경 사전이나 주석을 참고할 수도 있다.

연구와 묵상을 통해 질문에 대한 답을 찾았다면, 우리는 그 답을 보편타당한 신앙의 원리로 정리해야 한다. 왜냐하면 성경은 지금 시대가 아닌 오래전에 주어진 하나님의 말씀이기에, 그 진리를 오늘날 현실에 적용하려면 모든 시대와 문화를 뛰어넘어 우리 시대와 문화에도 적용될 수 있는 원리를 추출해내야 하기 때문이다. 연구와 묵상을 통해 관찰에 관한 해석을 하고, 보편타당한 원리로 결론을 정리하라. 이렇게 할 때 그 원리를 오늘 우리 삶에 적용할 수 있다.

느낌

느낌 단계는 말씀을 통해 깨달은 진리, 즉 보편타당한 원리를 나 자신에게 비추어보고 느낀 점을 정리하는 과정이다. 이것을 쉽게 적용하면, 성경 본문을 읽으면서 마음에 와닿는 내용을 솔직하게 적는 것이다. 즉, 말씀을 통해 받은 감동이나 감사한 생각, 회개하는 마음 등을 편하게 적어보는 것이다. 또 이것을 조금 어렵게 적용하면 관찰과 해석 과정을 거치면서 얻은 보편타당한 원리를 자기 삶 구석구석에 대입하여 살피고 반응하는 것이다.

이 느낌 단계에서 우리는 성령이 어떻게 우리의 삶을 조명하시는지 발견한다. 여기서 우리는 말씀에 대한 도전, 반성, 깨달음 등 '주관적'인 면을 다룬다. 즉, 지금까지 객관적 입장에서 발견한 의미들과 묵상을 통해 깨달은 통찰을 주관적으로 자신의 인격과 삶에 대입하는 것이다. 앞의 두 단계에서 "사람들은 왜 그랬을까?"라고 질문했다면 이제는 "나는 왜 그랬을까?"라는 질문으로 바꿔보는 것이다.

이 단계에 해당하는 중요한 질문들을 생각해보면 더 확실히 이해될 것이다. 물 위로 걸었던 베드로에 대한 말씀을 나누었다면 "물 위로 걷는 베드로를 보면서 무엇을 느끼나요?"라고 물을 수 있다. 돌무화과나무 위에 있던 삭개오가 예수님을 만난 사건을 읽었다면 이렇게 물어볼 수 있을 것이다. "여러분이 돌무화과나무 위에 있는 삭개오라고 생각해보세요. 처음 보는 예수님이 여러분의 이름을 부르실 때 어떤 느낌이 들었을까요?" 로마서 12장에서 바울이 이 세상을 본받지 말라고 명령한 내용을 다루었다면 이렇게 질문할 수 있다. "이 세상의 것들을 본받고 있는 것이 있다면 무엇일까요?" "하나님의 자녀이지만 여전히 세상을 따라 살아가는 자신의 모습을 보며 무엇을 느끼나요?" "여러분이 은밀히 버려야 할 죄는 무엇인가요?" "온전히 순종해야 할 진리는 무엇인가요?" 이런 질문들을 놓고 자신의 인격과 삶에 대입하면, 살아 있고 활력이 있는 하나님의 말씀이 우리의 심령 골수를 찔러 쪼개는 경험을 할 것이다.

결단과 적용

느낌이 우리의 마음에 관한 부분이라면, 적용은 우리의 행동에 관한 부분이다. 성경의 메시지를 듣고 눈물을 흘리며 감동하면 자신이 멋진 신앙생활을 하고 있다고 착각하기가 쉽다. 그러나 아무리 근사해 보이는 말이나 이론이라고 하더라도 우리의 삶에 영향을 끼치지 못한다면 아무것도 아니다. 하나님의 말씀은 우리의 의지와 태도가 실제로 변화될 것을 요구한다. 하나님의 뜻을 발견하고 그분의 음성을 들었다면, 그것은 언제나 행함으로 이어져야 한다. 그런데 적용을 어렵게 생각하는 사람이 많다. 느낌을 정리하는 과정을 통해 하나님의 말씀 앞에서 자신을 성찰하기 위해 씨름했다면 결단과 적용은 별로 어렵지 않다. 발견한 진리와 하나님의 음성을 그대로 실천하겠다는 의지와 결단만 있으면 되기 때문이다.

말씀을 통한 삶의 변화를 경험하려면 지식과 정보를 전달하는 것으로 사람들의 신앙이 성숙하고 변화되는 것이 아니라는 사실을 인식해야 한다. 성경을 통해 어떤 삶의 원리를 발견해내고 그것을 지체들에게 제시했다고 해서 리더의 역할을 다했다고 만족해서는 안 된다. 성경공부를 통해 삶의 변화가 일어나려면 적용의 두 단계를 거치도록 도와야 한다. 첫 번째 단계는 나에게 들려주시는 하나님의 음성이 무엇인가를 찾는 것이다. 그다음 단계는 그 음성에 비추어 내가 취할 구체적인 행동은 무엇인가를 찾는 것이다.

예를 들어, 로마서 12장 말씀을 통해 이 세상을 본받지 말아야 한다는 주님의 음성을 들었다면, "네, 이제부터 저는 이 세상을 따라 살지 않겠습니다"라고 결단해야 한다. 그러나 그것으로 끝나면 안 된다. 실천할 행동 지침을 구체적으로 짜고 그 일에 헌신해야 한다. 이 결심을 삶의 각 영역으로 나누어 적용해보라. 또한 가정, 직장, 교회, 소그룹, 개인의 삶에 대입해보라. 시간 관리, 재정 관리, 자녀교육, 인간관계, 취미생활, 경력 관리 등의 영역에 대입해보고 말씀이 아닌 세상의 방식대로 살아온 삶을 어떻게 바꿀 것인지를 찾고 구체적인 실천 방안을 만들어보라. 예를 들어, 지금까지 주일에 고등학교 3학년인 아들을 친구들과 함께 학원에 보냈는데 이제는 주일만큼은 쉼과 예배의 시간으로 보내게 하겠다고 적용할 수 있을 것이다. 결단과 적용의 단계를 거치면 세상 사람들의 삶의 태도나 방법과는 전혀 다른 하나님의 자녀 된 삶의 변화를 맛볼 수 있을 것이다.

결단과 적용이 어려운 이유가 있다. 느낌 단계에서 말씀에 비추어본 삶의 문제를 결단과 적용 단계에서 그대로 가져오지 않기 때문이다. 다시 말하면, 느낌 단계에서 하나님의 말씀과 내 모습 사이의 간격을 확인했다면 그 차이를 메꾸고 내 삶을 바꾸겠다는 결심으로 이어가야 한다. 그런데 많은 성도가 말씀에 비추어 삶을 바꾸려고 하지 않고 자기 삶의 필요에 따라 말씀을 바꾸려고 시도한다. 지혜로운 사람은 진리의 빛을 피하거나 바꾸려고 하지 않고 그 빛으로 인해 드러난 삶의 잘못된 부분을 바꾸려고 한다.

야고보는 적용과 순종이 없이 기독교의 이론에 심취하는 사람들을 보고 "듣기만 하는" 사람들이라고 지적한다(약 1:22-25). 야고보에 따르면 설교나 성경공부는 영혼을 비추는 거울이다. 성경 말씀을 통해 자신의 속 모습이 어떤지를 분명하게 보게 되기 때문이다. 나는 나 자신을 제법 깔끔한 상태라고 생각하다가도 말씀이라는 거울을 통해 엉망으로 살아가고 있음을 깨닫고 깜짝 놀란다. 그러나 거울을 힐끔 쳐다보고 그냥 지나친다면 거울은 우리에게 어떤 영향도 끼치지 못한다. 엉망진창인 자신의 모습을 보았으면 이제는 단정한 모습으로 매무새를 고쳐야 한다.

말씀 적용을 어렵게 만드는 또 다른 문제는 보편타당한 원리를 자신의 삶에 비추어 느낌을 정리한 다음 결단하고 적용해야 할 시점에 습관적으로 진부한 적용에 갇히는 데서 발생한다. 막연한 결심으로 적용을 마치는 것이다. "성경을 더 많이 읽어야죠."

"이제부터 원수까지도 사랑하겠습니다." "기도를 열심히 해야죠." 이런 결단은 정답처럼 보이는 습관적인 적용, 말로만 하는 형식적인 적용이다. 이런 진부한 적용에서 벗어나게 하려면 '적용에 관한 4P'의 원칙을 따라야 한다. '개인적'(personal), '실제적'(practical), '실천 가능한'(possible), '점진적'(progressive)인 적용을 찾아야 한다. 결단과 적용을 자신이 아닌 배우자나 자녀에게 한다든지, 구체적이지 않고 두루뭉술한 적용으로 끝나면 안 된다. 한 번에 급격한 변화를 시도한다든지 기한도 정하지 않고 실천할 수 없는 결단을 하면 그 적용은 실패할 수밖에 없다.

소그룹에서 삶의 변화를 끌어낼 수 있는 적용으로 인도하려면 적절한 질문을 던져야 한다. 다짜고짜 "오늘 공부한 내용을 자신에게 적용해보세요"라고 요구해서는 좋은 적용을 끌어낼 수 없다. 4P의 원칙에 적합한 질문을 제시하여 적용과 결단으로 이끌어야 한다. "이 말씀을 통해 하나님이 당신의 삶에 요구하시는 구체적인 변화는 무엇입니까?" "그 명령에 순종하기 위해 실천할 방법은 어떤 것입니까?" "본문에서 우리가 따를 만한 모범이나 피해야 할 죄는 무엇인가요?" "순종하기를 원하지만 그렇게 하지 못하는 이유는 무엇입니까?"

내용 관찰(발견)-연구와 묵상(해석)-느낌-결단과 적용의 과정은 성경 말씀을 삶에 적용하는 과정이다. 오늘 주신 말씀에 순종할 수 있도록 지혜와 용기를 구하며 하나님께 맡기는 기도를 드리라. 또한 성경공부를 통해 깨달은 점과 은혜받고 변화된 자신의 모습을 가족과 주변 사람들과 나누라. 나눔을 통해 배움과 성장이 극대화된다.[2]

【소그룹을 위한 나눔】

◈ 사도행전 1장 8절 말씀을 귀납적으로 정리해보고, 내용 관찰(발견)-연구와 묵상(해석)-느낌-결단과 적용의 순서대로 질문을 작성하라. 자신이 정리한 내용을 다른 사람과 비교해보라.

10장
대화가 있는 건강한 소그룹

소그룹 리더는 의사소통을 잘해야 한다. 이는 소그룹 리더에게 중요한 역량이다. 건강한 소그룹은 단지 모이는 것에 목적을 두지 않는다. 지체들이 전인격적으로 성장하고 성숙할 수 있도록 돕기 위해 소그룹이 존재한다. 지체들이 건강하게 의사소통하는 소그룹에서는 성장이 일어난다. 의사소통이 원활할 때 지체들 사이에 관계가 형성되며, 그것은 다른 지체를 섬길 수 있는 좋은 통로가 된다.

존 파월(John Powell)이 『왜 나 자신을 밝히기를 두려워하는가?』(Why Am I Afraid to Tell You Who I Am?, 보이스사 역간)에서 말하는 커뮤니케이션의 다섯 단계가 소그룹 안에도 나타난다. 가장 낮은 커뮤니케이션 단계는 '진부한 대화를 나누는 수준'이다. 소그룹 안에서 자신의 모습을 드러낼 의사가 없거나, 최소한으로만 보여 주려고 할 때 이런 모습이 나타난다. "요즘 어떻게 지내세요?" "별일 없으시죠?" 등의 인사와 악수를 나눈다. 겉으로는 예의를 갖춘 것처럼 보이지만, 실제로는 진심이 없는 대화를 나눈다. 누군가가 자신에 대해 좀 더 알고 싶어 하는 눈치가 보이면 불쾌해하면서 대화를 중단한다. 이런 일이 한두 번 반복되면, 지체들은 껄끄럽게 생각하고 깊은 대화를 나누려고 하지 않는다.

두 번째 단계는 '사실을 나누는 수준'이다. 이 단계에서는 일반적인 지식, 다른 사람이 알아도 무방한 사실만을 나눈다. 대화가 오가지만 서로의 삶과는 무관한, 그저 객관적이고 일반적인 정보만을 다룬다. 개인의 의견이나 반응은 배제된다. 물론 이런 대화가 더 깊은 수준으로 나아갈 기회가 되기는 하지만, 문제는 대화가 이 단계에 머물러서는 안 된다는 것이다.

세 번째 단계는 '자기 생각과 의견을 나누는 수준'이다. 지체들이 서로 잘 알고 친해지면, 자신의 생각과 의견을 나누는 데 아무런 거리낌이 없게 된다. 소그룹 대부분이 이 정도 수준의 의사소통을 한다. 자기 생각과 의견을 말함으로써 서로 좀 더 깊이 알아간다. 그런데 이러한 의사소통은 상대를 존중하고 배려하지 않으면 부작용이 생길 수도 있다. "내 생각에는", "내가 보기에는" 등과 같은 표현을 써서 말하려면 용기를 내어 조심스럽게 해야 한다. 상대는 다르게 생각할 수 있기 때문이다.

네 번째 단계는 '자기 느낌과 가치관, 정서를 나누는 수준'이다. 생각과 의견을 나누는 것이 자연스러워진 소그룹은 이제 느낌과 함께 떠오르는 생각을 자유롭게 이야기하게 된다. 다른 지체들의 반박을 두려워하지 않아도 되는 환경이기 때문에 껍데기가 아닌 속마음을 나눈다. 감정이 힘들 때 "오늘은 기분이 안 좋아"라고 말할 수도 있고, 기대감이 있을 때는 "이 일은 잘될 것 같아"라고 표현할 수도 있다. 이 정도의 의사소통이 이루어진다면 모든 지체가 즐거워하는 매우 건강한 소그룹이다.

그러나 진정으로 건강한 소그룹이 되려면, 자기 느낌과 감정을 나누는 데 머물러서는 안 된다. 자신의 약점이나 지금 직면한 문제까지 솔직히 공개할 수 있을 정도가 되어야 한다. 이 마지막 단계는 '고백적 나눔이 가능한 수준'이다. 그러나 고백적 나눔을 아무하고나 할 수는 없다. 그만큼 서로 신뢰하는 관계일 때만 가능하다. 나눔의 최고 단계는 자신의 상처와 죄악을 솔직히 이야기할 수 있는 것이다. 그 어디서도, 아무에게도 말할 수 없는 깊은 내면을 나눔으로써, 소그룹은 상처를 치유하고 죄악에서 돌이키는 장소가 된다.

당신의 소그룹에서는 어느 단계의 의사소통이 이루어지고 있는가? 소그룹의 의사소통 수준은 절대로 하루아침에 향상되지 않으며, 시간과 노력을 통해 서서히 발전한다. 그리고 그런 의사소통이 가능해지게 하는 것이 리더의 책임이다. 소그룹에 참여하는 지체들이 말씀 앞에서 고백적 나눔을 하고 이로써 변화하는 삶을 살도록 도우려면, 의사소통과 관련한 중요한 기술들을 개발해서 활용해야 한다.

첫째, 소그룹 리더는 경청해야 한다

의사소통 역량을 키우려면 말을 건네고 질문하는 것도 중요하지만, 그보다 상대방의 말을 귀담아듣는 것이 더 중요하다. 리더는 대화 속에서 상대방을 인정하고 그의 언어에 담긴 의미를 파악하면서 들을 줄 알아야 한다. 그런데 듣기처럼 어려운 일은 없다. 경청은 습관으로 자리잡지 않으면 안 되는 일이다. 게리 콜린스(Gary R. Collins)는 『마음을 여는 경청 기술』(Quick-to- Listen LEADERS, 국제제자훈련원 역간)에서 경청을 이렇게 설명한다. "경청은 상대방의 입술에서 나오는 말을 그저 소극적으로 듣고 앉아 있는 것 이상을 의미한다." 경청은 귀와 눈을 다 사용해서 적극적으로 듣는 행위다.

소그룹 리더가 자신이 진리를 전달해야 한다는 강박에 사로잡혀 있으면, 지체들의 이야기에 귀 기울이지 못한다. 리더가 교재의 내용을 숙지하지 못할수록 지체들의 이야기를 듣지 못한다. 리더가 교재에 나온 질문을 차례로 던지면 지체들이 답변한다. 그 속에는 삶의 흔적이 묻어 있는 속 깊은 이야기들이 있지만, 리더는 듣지 못한다. 왜냐하면 머릿속에는 질문 다음에 자신이 가르쳐야 할 내용만 꽉 차 있고, 그것을 떠올리느라 사람들의 이야기를 들을 틈이 없기 때문이다. 이런 상황이 되면 의사소통은 불가능하다. 그러므로 리더는 마음을 열고 지체들의 마음속 이야기를 들어주어야 한다. 다른 사람이 나누는 상처와 아픔, 고통 그리고 소망과 꿈에 관한 이야기를 들어줄 때 그 사람을 세울 수 있기 때문이다. 이처럼 사람을 세우는 일은 경청에서 시작한다. 소통의 첫걸음은 말을 유창하게 잘하는 것보다 잘 듣는 데 있다.

경청하는 능력을 어떻게 키울 수 있을까? 경청을 잘하려면 제대로 들을 수 있는 자세와 시선을 갖추어야 한다. 먼저 몸을 말하는 사람에게 향하게 한다. 그리고 경청을 방해하는 장애물이 있다면 반드시 제거한다. 의문이 생기는 부분이 있다면 이렇게 질문해보라. "이해가 안 되는데 다시 한번 말씀해주실래요?" 이야기를 듣되 섣불리 판단하지 말라. "그럴 때 기분은 어떠셨어요?"와 같은 질문으로 공감하고 격려하며 들어주라.

경청의 능력을 강화할 효과적인 방법이 있다. 상대방의 이야기를 요약해서 재진술하는 습관을 기르는 것이다. 이렇게 상대방의 이야기를 효과적으로 들어주는 기술을 상담학에서 '반영적 경청'이라고 한다. 예를 들어보자. 아연이라는 아이가 병원에서 예방주사를 맞지 않겠다고 울면서 이렇게 말한다. "엄마, 주사를 꼭 맞아야 하나요?" 지금 아이의 느낌이나 생각은 무엇인가? 주사가 아플까 봐 두렵고 그래서 주사를 맞기 싫다는 것이다. 이때 엄마가 반영적 경청을 한다면 어떻게 말하겠는가? "아연아, 주사를 맞아야 건강해질 수 있는 거야. 우리 아연이는 용감해서 주사도 잘 맞을 거야." 만약 이렇게 말했다면 아연이와 제대로 의사소통이 된 것이 아니다. 반영적 경청이란 아연이의 말을 통해 아이의 느낌에 공감해주면서 재진술하는 것이다. 그렇다면 이렇게 말해줄 수 있을 것이다. "아연아, 주사를 맞는 것이 아플까 봐 걱정되는구나. 두렵기도 하고."

소그룹 대화에서 반영적 경청을 한다는 것은 상대방의 이야기를 그저 똑같은 단어로 반복하는 것이 아니다. 상대방의 말을 듣는 사람의 말로 바꾸어서 짧게 요약하는 것이다. "그러니까 황 집사님이 하신 말씀은…이렇다는 말씀이네요." "제가 들은 노 집사님의 이야기는…이렇다는 것이지요?" 이렇게 상대방의 이야기를 짧게 요약하다 보면 그의 이야기를 구체적이고 명확하게 진술할 수 있다. 또 잘못 이해한 부분은 상대방이 고쳐줄 수 있다.

소그룹 지체들이 진술하는 이야기는 대개 두 가지로 나눌 수 있다. 하나는 내용 관찰과 해석의 과정을 통해 얻은 정보나 자기 상황이나 사건을 진술하는 인지적 내용이다. 또 하나는 자신의 감정과 관련된 느낌의 표현이다. 상대방이 말하고 있는 내용과 느낌을 잘 듣고 재진술하는 연습을 해보라. 상대방의 패러다임을 이해하게 될 것이다. 상대방의 말을 들어준다는 것은 단지 물리적 행위가 아니라 그에게 깊은 관심이 있다는 것을 보여주는 것이다. 그러면 지체들은 리더가 자신을 공감하고 있다고 확신하고 좀 더 마음을 열고 자신을 드러낼 수 있다.

케네스 갱글(Kenneth O. Gangel)은 『교회 갈등, 이렇게 해결하라』(*Communication and Conflict Management in Churches and Christian Organizations*, 프리셉트 역간)에서 경청을 잘하는 법을 제안한다. 자신에게 필요한 조언이 있다면 마음에 새기고 대화에 적용해보라.

1) 상대방의 관심 분야가 무엇인지 찾으라.
2) 잠시 결정을 유보하라.
3) 상대방 특유의 사고방식이나 행동 양식을 파악하라.
4) 융통성 있게 상대방의 말에 귀를 기울이라.
5) 듣는 수고를 감내하라.
6) 산만한 분위기를 피하라.
7) 관찰력을 키우라.
8) 선입견을 없애고 마음을 늘 열어두라.
9) 말이 아닌 마음의 소리를 들으라.

공감적 경청을 할 때 관계가 더욱 깊어진다. 누군가가 내 말을 주의 깊고 정중하게 들어줄 때 어떤 느낌이 드는가? 조이스 허기트(Joyce Huggett)는 『경청』(Listening to Others, 사랑플러스 역간)이라는 책에서 이 질문에 대한 사람들의 대답을 다음과 같이 소개한다. "나 자신이 소중한 존재라고 느껴집니다." "위안을 얻습니다." "힘든 상황에서도 꿋꿋이 살아갈 수 있다는 자신감이 생깁니다." "사랑받고 있다는 느낌을 받습니다." 그렇다. 누군가가 우리의 말에 귀 기울여 경청해주면 우리는 깊은 사랑을 경험한다. 지체들의 말에 귀를 기울이는 것은 천만금을 주고도 바꿀 수 없는 귀한 선물을 주는 것이다. 그 선물은 소그룹 지체들의 관계를 더욱 깊게 한다.

소그룹 리더라면 누구나 경청의 영성을 회복해야 한다. 가르치려 하지 말고 배우는 자세로 경청하는 습관을 길러보라. 리더가 귀 기울여 들을수록 지체의 마음 문이 열리고, 리더가 말을 많이 할수록 지체의 마음 문은 닫힌다. "철 연장이 무디어졌는데도 날을 갈지 아니하면 힘이 더 드느니라 오직 지혜는 성공하기에 유익하니라"(전 10:10). 끊임없이 배우는 자세, 곧 경청하는 자세야말로 무딘 철 연장 날을 가는 것과 같다.

둘째, 소그룹 리더는 질문을 잘해야 한다

좋은 질문이 좋은 소그룹을 만든다. 질문은 소그룹을 건강하게 만드는 강력한 힘을 발휘한다. 질문에는 사람들이 생각하게 만드는 힘이 있다. 좋은 질문은 지체들이 자연스럽게 성경의 진리를 찾아가도록 인도해주며, 스스로 결론에 도달할 수 있도록 도와준다.

　서양 철학의 아버지라고 불리는 소크라테스는 귀납적 사고를 통해 참된 진리를 얻을 수 있다고 보았다. 흔히 '산파술'이라고 불리는 귀납적인 문답법을 통해 사상을 발견하고 진리를 찾도록 했다. 마치 산파가 산모를 도와 산모 스스로 아이를 낳게 하듯이, 질문을 통해 상대방이 스스로 깨닫게 하는 것이다. 이렇게 귀납적으로 주어진 질문은 상대방의 호기심을 자극하고, 통찰력을 키워주며, 스스로 논리적인 결론을 내리도록 이끌어준다.

　가장 위대한 선생이셨던 예수님은 가르치실 때마다 질문을 사용하셨다. 예수님의 질문에는 자기 마음을 돌아보고 깨닫게 해주는 힘이 있었다. 그분은 질문을 받은 사람이 자연스럽게 반응할 수 있도록 도우셨다.

　예수님은 의도적으로 사마리아 땅을 지나가셨다. 수가라고 하는 작은 마을 외곽의 우물가에 앉으신 예수님은 물을 길으러 온 한 사마리아 여인에게 이렇게 청하셨다. "물 한 잔 주겠소?" 이 질문에 그녀는 충격을 받았을 것이다. 당시 유대인은 사마리아인을 혐오해서 그들과 교류하지 않았기 때문이다. 깜짝 놀란 여인은 이렇게 대답했다. "당신은 유대인인데 왜 사마리아 여자인 나에게 물을 달라고 하십니까?" 그 뒤에 이어진 대화로 한 여인의 영적 공허함과 정신적인 고통이 해결되었다.

　예수님은 이 여인과 대화하시며 일방적인 강의나 훈계를 늘어놓지 않으셨다. 하나님이신 예수님은 그 여인의 필요와 삶의 무게, 고독과 상처, 눈물과 아픔을 이미 다 알고 계셨다. 그런데도 그분은 정답을 가르쳐주지 않으셨다. 그 대신 그분이 택하신 방법은 질문이었다. 이렇게 "물 좀 한 잔 주겠소?"라는 질문으로 시작된 예수님과의 만남으로 그녀의 인생이 완전히 바뀌었다.

예수님이 답을 주지 않으신 것은, 그것을 몰라서 그러신 것도 아니었고, 여인에게 답이 필요 없어서 그러신 것도 아니었다. 예수님의 관심은 이 여인의 변화와 회복, 치유에 있었기 때문에 그분은 물어보고 경청하며 인정하셨다. 또 쉽게 훈계하지도 않으셨고, 말을 끊거나 정답을 던지지도 않으셨다. 단지 이 여인이 더 본질을 향해 나아갈 수 있도록 길만 터주셨다.

예수님은 예루살렘으로 가는 마지막 여정 직전에 제자들과 함께 빌립보 가이사랴에 가셨다. 거기서 제자들에게 매우 심오한 질문을 던지셨다. "사람들이 인자를 누구라고 하느냐?" 제자들이 대답했다. "더러는 세례 요한, 더러는 엘리야, 어떤 이는 예레미야나 선지자 중의 하나라 하나이다." 이어서 예수님은 단도직입적으로 물으셨다. "너희는 나를 누구라 하느냐?" 베드로가 예수님을 바라보며 말했다. "주는 그리스도시요 살아 계신 하나님의 아들이시니이다."

소그룹 리더들은 예수님이 하신 이러한 질문 방식을 개발하고 적용해야 한다. 리더는 정답을 제시하기보다 지체의 마음을 열고 한 단계 한 단계 적절한 질문을 던져서, 그들이 고민하며 진리를 발견하도록 도와야 한다. 예수님처럼 질문을 활용해 가르치는 법을 배우면 삶과 사역에서 더욱 강력한 영향력을 발휘하게 될 것이다. 질문에는 위대한 대화를 시작하게 하는 힘이 있다. 좋은 질문을 던져 활발한 대화와 토론을 일으키고, 그 과정에서 지체들이 잘 배울 수 있게 해야 한다. 리더의 사명은 정답을 가르쳐주는 것이 아니다. 마치 시내를 건너도록 징검다리를 놓듯이, 지체들이 진리를 향해 나아갈 수 있도록 적절한 질문을 던지는 것이다. 그렇다면 좋은 질문이란 어떤 것일까?

1) 좋은 질문은 생각을 자극한다: 스스로 답을 찾아내고 발견하도록 돕는 질문이 좋은 것이다. 모든 사람이 알고 있어서 진부하다고 느끼는 내용을 반복하지 말아야 한다. 좋은 질문은 사람의 생각을 자극하여 자기 의견을 돌아보게 한다. 고정된 패러다임을 뒤집어 새로운 면을 보고 깨닫게 한다.

2) 좋은 질문은 초점이 쉽고 명확하다: 생각은 현인처럼, 표현은 범인(凡人)처럼 하라는 말이 있다. 질문이 쉬우면 답도 찾기 쉽다. 그러므로 질문이 복잡해서는 안 된다. 질문의 초점이 단순명료해야 한다. 너무 추상적이거나 막연한 질문은 피해야 한다. 한 번에 한 가지만 질문하라. 두세 가지를 연달아 질문하면 공격적인 느낌을 준다. 반면에 너무 단순하고 뻔한 질문도 피해야 한다.

3) 좋은 질문은 '예' 또는 '아니요'로 답할 수 있는 닫힌 질문이 아닌, 열린 질문이다: 자기 생각과 관점, 느낌, 의견을 물어보는 질문을 받으면 사람들은 기꺼이 생각과 감정을 드러낸다. 사실을 밝히는 질문과 삶에 적용하는 질문 사이에 느낌을 물어보는 질문을 던져도 좋다. 열린 질문으로 지체들이 활발히 자기 의견을 나눌 수 있게 하라. 그렇다고 닫힌 질문이 항상 나쁜 것만도 아니다. 때로는 '예', '아니오'로 결단하거나 지체의 상태를 파악하기 위해 닫힌 질문을 할 수도 있다. 그다음에 열린 질문으로 이어지면 대화가 더욱 풍성해진다. 예를 들어 "집사님은 구원받은 하나님의 자녀입니

까?"라고 확인하는 질문을 한다. 상대방이 "예", "아니요"로 대답할 것이다. "그렇다면 집사님이 구원받았다는 것을 무엇으로 증명할 수 있나요?"라는 열린 질문으로 대화를 이어갈 수 있다.

4) **좋은 질문은 호기심을 자극한다**: 소그룹 리더는 답을 주기보다 질문을 통해 진리를 발견할 수 있도록 도와야 한다. 다른 사람이 가르쳐준 것은 쉽게 잊히지만, 스스로 깨달은 지식은 오래 남는다. 그러므로 리더는 인내심을 발휘해 지체들이 스스로 생각하고 발견할 수 있도록 지켜봐야 한다. 묵묵히 기다려줄 때, 진정한 학습이 이루어진다. 동시에 자신이 던지는 질문이 오늘 다루는 주제와 연관성이 있는지를 확인하라. 그저 수다를 떠는 것이 소그룹의 목적이 아니다. 리더가 제시하는 질문은 지금 다루는 주제에 관한 것이어야 한다. 질문으로 무엇을 얻으려는 것인지 분명히 계획을 세우고 질문하라.

제대로 된 질문을 하도록 연습하라. 정답을 강요하는 것이 아니라 생각하는 과정을 돕는 질문을 해야 한다. 지체가 쉽게 생각과 느낌을 드러낼 수 있는 질문이 좋다. 그러려면 리더는 다양한 질문 방법을 잘 알고 있어야 한다. 소그룹에서 사용할 수 있는 몇 가지 질문의 예는 다음과 같다.

- **시작을 돕는 질문:** 소그룹에서 특정 주제를 다루기 전에 마음의 문을 열고 입을 뗄 수 있도록 돕는 질문이다. 아이스 브레이크라고 부르기도 한다. "지난주에 경험한 일 가운데 가장 기뻤던 일과 가장 슬펐던 일을 하나씩만 말씀해보세요." "만약 전 세계 어느 곳이든 일주일 동안 여행

할 수 있다면 가장 가고 싶은 곳은 어디인가요? 왜 그곳에 가고 싶나요?" 이것은 예습을 못 하고 모임에 왔거나, 성경 지식이 좀 부족하더라도 자기 이야기를 나누기가 쉬운 질문이다.

- **토론을 이어가는 질문**: 주어진 질문에 누군가가 먼저 답을 한 다음, 나머지 지체들도 토론에 참여하도록 돕는 질문이다. "집사님은 이 말을 어떻게 생각하시나요?" 이런 질문은 다른 사람들이 토론에 참여하도록 이끌어준다. 대답하는 지체에게는 고맙다고 표현하고 격려하는 것이 좋다. "집사님, 답변해주셔서 감사해요. 다른 의견을 가진 분은 없나요?" "혹시 다른 이유를 설명해주실 분이 있나요?" "방금 유 집사님이 순종하지 않으면 사랑하지 않는 것이라고 대답했는데, 김 집사님도 그렇게 생각하시나요?"

- **사실을 확인하는 추가 질문**: 질문에 대한 답변을 들은 뒤 그에 대해 추가로 질문해서 좀 더 깊은 대화를 나눌 수 있다. 예를 들어, 왜 그런 답변을 했는지 확인해야 할 때가 있다. "천국에 들어가면 지루할 것 같다고 말씀하셨는데, 왜 그런 생각을 하는지 이유를 설명해주실 수 있나요?" 답변이 분명하지 않을 때는 성경 본문을 다시 보도록 안내하면서 답을 유도할 수 있다. "집사님, 로마서 12장 1절 뒷부분을 다시 보세요. 거기에 우리 몸을 어떤 제물로 드리라고 말씀하고 있나요?"

- **요약 질문**: 이 질문은 단락을 마무리하거나 한 과를 마무리할 때 유용하다. 그날 대화를 통해 깨달은 내용의 핵심

을 재구성하기 위해 사용한다. "오늘 함께 공부한 내용의 핵심을 누가 정리해주시겠어요?" "오늘 나눈 말씀에서 가장 마음에 와닿은 내용은 무엇이었나요?" 이런 질문으로, 오늘 공부한 내용을 제대로 이해하고 파악했는지를 알 수 있다.

- **적용하는 질문:** 오늘 공부한 내용을 실제 삶에 어떻게 적용할 수 있을까를 도출해내기 위한 질문이다. "오늘 우리가 함께 정리한 내용을 삶에서 실천할 방법이 있다면 한 분씩 나눠주세요." "집사님은 순종하는 것이 어렵다고 하셨는데, 어떤 부분이 그런가요?" 적용과 결단을 기록하는 것도 좋다. "여러분의 결단과 결심을 기도문으로 교재의 빈 곳에 적어보세요." 시간 여유가 있다면 지체들이 한 사람씩 돌아가면서 자신의 적용을 나누게 하라. 인원이 많고 시간이 부족할 때는 둘씩 짝을 지어 나누게 하라. 좋은 적용이었다면, 그것을 한 주간 생활에 적용해볼 숙제로 내줄 수 있다.

- **역질문 혹은 릴레이 질문:** 지체들의 질문에는 어떻게 반응해야 할까? 질문을 받았다고 해서 즉답을 하는 것은 현명하지 않다. 백과사전처럼 자신의 지식을 증명하지 말고 지체들이 생각할 여지를 주어야 한다. 이럴 때는 역으로 질문하거나 릴레이 질문을 사용하라. 역질문은 질문한 사람에게 다시 묻는 것이다. "집사님이 아주 좋은 질문을 하셨습니다. 아마도 집사님은 그 질문에 관심을 가지고 많이 생각해보신 것 같습니다. 그래서 집사님은 어떻게 생각하

시는지 먼저 들어보고 싶어요." 시간이 부족할 때는 질문의 답을 다음 주에 발표하게 하는 것도 좋은 방법이다. 릴레이 질문은 지금 받은 질문을 다른 사람에게 물어보거나 소그룹 전체에게 물어보는 것을 말한다. "이 집사님의 질문에 혹시 답변하실 분 계신가요?" 이렇게 질문을 되돌려 주거나 다른 사람에게 돌리면 지체 각자가 진리를 발견하는 과정에 참여하도록 유도할 수 있다. 또 다른 지체들의 생각을 듣는 동안, 리더도 여유 있게 그 질문에 대해 생각해볼 수 있다.

대화하는 소그룹을 만들려면 리더로서 자신이 모든 질문에 정답을 내놓아야 한다는 강박을 내려놓아야 한다. 좋은 리더는 정답을 주기보다 적절한 질문을 던져 함께 고민하고 정답을 찾을 수 있도록 돕는다. 지금 당장 정답을 주고 그렇게 살라고 권면하는 것이 훨씬 멋지게 보이고, 그렇게 하고 싶은 마음이 굴뚝같더라도 마음을 다잡아야 한다. 묻고 답을 찾는 과정이 답답하고 더디더라도 진리를 향해 한 걸음씩 함께 내딛는 소그룹을 만들어가라.

【소그룹을 위한 나눔】

◈ 반영적 경청 실습

경청한다는 것은 매우 힘든 노동이다. 다음과 같은 연습을 해봄으로써 제대로 경청하기가 얼마나 어려운지, 경청할 때 어떤 일이 일어나는지 직접 체험해보라. 두 사람씩 짝을 지어 찬반 토론을 할 수 있는 주제 중 하나를 정하고, 다음 순서를 따라 3분간 뜨겁게 토론해보라.

- 두 명 중 가위바위보를 해서 이긴 사람이 한쪽 주장을 맡는다. 진 사람은 반대 입장에서 토론한다.
- 이 실습에서 주제에 대한 자기 생각은 중요하지 않다. 이 활동은 단지 경청을 위한 연습임을 명심하라.
- 상대방의 이야기에 반대 의견을 말하기 전에 반드시 상대방의 주장을 자신의 말로 요약해서 이야기해야 한다. 그 요약한 설명을 상대방이 옳다고 인정한 후에야 반대 의견을 제시할 수 있다.
- 3분간 열정적으로 토론한 다음, 이 토론에서 무엇을 느끼고 깨달았는지 함께 나누어보라.

찬반 토론 주제의 예:
- 사형 제도를 폐지해야 한다.
- 무상 급식을 전면 시행해야 한다.
- 인공 지능이 만든 창작물에도 저작권을 인정해야 한다.
- 자살은 개인의 선택으로 존중받아야 한다.
- 기본 소득 제도를 도입해야 한다.
- 동물 실험은 폐지해야 한다.
- 긴급재난지원금은 전 국민에게 지급해야 한다.

[리더를 위한 점검 질문]　　　　　　　　　　　　　**두 번째 물맷돌, 말씀**

점검 질문	점수
1. 소그룹의 나눔이 하나님 말씀에 최종 권위를 두고 있는가?	10
2. 소그룹에서 나누는 말씀이 모든 지체가 이해할 수 있는 수준의 말과 표현으로 설명되고 있는가?	10
3. 지체들이 말씀을 잘 이해하는가? 그 말씀으로 인해 삶의 변화가 일어나고 있는가?	10
4. 삶의 경험을 나누는 것보다 하나님 말씀이 더 권위 있게 다루어지는가?	10
5. 말씀을 나누는 시간에 아무도 소외되지 않고 토론에 참여하는가?	10
6. 성경공부 시간에 리더 혼자서 설교하지 않고 질문을 통해 대화가 이루어지고 있는가?	10
7. 성경을 공부하는 것이 지루하거나 힘들지 않고, 재미있고 즐거운가?	10
8. 소그룹 모임에서 경배와 찬양의 시간에 모두 은혜를 받고 있는가?	10
9. 리더가 '예', '아니요'로 답하는 닫힌 질문이 아니라 열린 질문을 던지고 있는가?	10
10. 모든 지체가 성경을 읽고 큐티를 하며, 초신자도 토론 시간에 적극적으로 참여하도록 배려하고 있는가?	10
총점	100

4부 | 세 번째 물맷돌, 교제

건강한 소그룹은 사랑의 교제로 따뜻한 공동체다

【아이스 브레이크】

만약 아래에 나온 활동을 같이할 사람이 필요하다면, 소그룹 지체 가운데 누구를 선택하겠는가? 각 활동 옆에 이름을 적어보라. 같은 사람을 중복해서 적을 수는 없다. 해당하는 사람의 이름을 말하고, 그를 선택한 이유를 말해보라.

- 비보잉 댄스 경연 대회에 나갈 파트너 _____
- 동계 올림픽 썰매 경기(봅슬레이) 파트너 _____
- 히말라야 안나푸르나 등반 파트너 _____
- 국가 대표 축구 중계 해설 위원 _____
- 에버랜드에서 놀이기구 T 익스프레스에 함께 탈 사람 _____
- 영어 토론 대회에 함께 나갈 파트너 _____
- 액션 코미디 영화를 함께 볼 사람 _____
- 부산 해운대 모래 축제에서 모래성 쌓기 대회에 참가할 파트너 _____
- 국정원의 비밀 첩보 활동 동료 _____
- 우주 공간을 유영하는 동안 우주 왕복선을 조종해줄 우주 비행사 _____
- 내 자서전을 써줄 대필 작가 _____
- 심각한 암에 걸렸을 때 수술해줄 외과 의사 _____
- 새로운 사업 창업 파트너 _____
- 성실한 기도 파트너 _____
- 시베리아 횡단 열차를 타고 블라디보스토크에서 모스크바까지 여행할 동반자 _____

11장
그리스도 안에서 누리는 진정한 교제

하나님은 우리가 그분의 몸 된 공동체 안에서 서로 교제하기를 원하신다. 교제(fellowship)란 커피와 간식을 함께 나누거나 음식을 먹으면서 즐겁게 지내는 것만을 의미하지 않는다. 진정한 교제는 서로에게 진실한 것이다.

릭 워렌 목사는 『목적이 이끄는 삶』(The Purpose Driven Life, 디모데 역간)에서 자기 삶에 일어나는 일들을 진실하게 나눌 때 진정한 교제가 가능하다고 말한다. 가슴속 상처를 드러내어 나누고, 솔직한 감정을 표현하며, 실패를 고백하고, 약한 부분을 드러내며 기도를 부탁하는 일은 서로 진실할 때만 가능하다. 본모습을 숨기고, 가식적으로 친절하며, 상대방을 경계한 채로는 진정한 교제를 나눌 수 없다. 그런 의미에서 진실한 교제는 위험한 일이다. 자신을 드러낼 용기도 필요하고, 겸손하게 타인을 나보다 낫게 여겨야만 진정으로 교제할 수 있기 때문이다. 대부분 자기 모습을 있는 그대로 드러낼 때 거부당할지도 모른다는 두려움을 느낀다. 그러나 이 두려움을 이기고 진실한 자기 모습으로 교제할 때 서로 영적 성장을 촉진해주는 관계로 묶일 수 있다.

소그룹은 상호 의존적인 관계 안에서 서로 돕기 위해 존재한다. 바울은 고린도전서 12장 25절에서 교회를 그리스도의 몸으로 설명한다. "몸 가운데서 분쟁이 없고 오직 여러 지체가 서로 같이 돌보게 하셨느니라." 우리 몸을 구성하는 각 지체가 서로 연결된 것처럼, 그리스도의 몸 된 교회도 모든 지체가 상호 의존적 관계를 맺고 있다. 교회의 지체로 살아가는 성도는 다른 지체들의 도움 없이는 살 수가 없다. 서로 절대적으로 필요하다. 하나님은 몸 된 교회를 통해 당신의 뜻을 이루시려고 성도마다 각기 다른 은사를 주셨다.

릭 워렌은 교제를 "우리가 주님께 헌신한 것처럼 서로에게 헌신하는 것"[1]이라고 정의한다. 교제는 서로의 마음속 깊이 들어가 삶을 나누는 것이다. 또 사도 요한은 그리스도인의 교제에 대한 귀중한 통찰을 제시한다. "그가 우리를 위하여 목숨을 버리셨으니 우리가 이로써 사랑을 알고 우리도 형제들을 위하여 목숨을 버리는 것이 마땅하니라"(요일 3:16). 이 말씀은 하나님의 사랑이 무엇인지를 분명히 보여준다. 예수 그리스도가 우리를 위해 목숨을 버리셨다는 데서 우리는 하나님의 사랑이 어떤 것인지를 깨닫는다. 그러기에 우리도 우리 목숨을 다른 형제들에게 주어야 한다.

소그룹 교제의 핵심

'상호 의존'은 서로에게 의지한다는 뜻이다. 한 사람만 일방적으로 의존하면 상대방에게 폐를 끼치는 것이다. 상호 의존은 의존과 다르다. 서로 의지한다는 것은 자기 은사로 공동체에 이바지하고, 자기에게 없는 부분은 다른 지체의 도움을 받는 것이다. 신약성경에는 "서로에게" 또는 "서로를 위해" 살라는 말씀이 50번 이상 기록되어 있다. 서로 사랑하고, 서로 짐을 나누어 지며, 서로 격려하고, 상호 간에 책임지는 삶은 교제의 핵심이다. 소그룹은 이런 상호 의존적 관계를 강화하고, 그로 인한 유익을 누리며 살도록 돕는다.

상호 의존은 더불어 섬기는 것을 의미한다. 소그룹은 리더 한 사람이 모든 것을 준비하고 제공하는 곳이 아니다. 톰 레이너(Thom S. Rainer)는 자신의 책 『당신은 교회의 고객입니까, 성도입니까?』(I Am a Church Member, 아가페북스 역간)에서 소그룹을 이렇게 정의한다. "소그룹은 누군가가 혼자 열심히 음식을 만들어 냄새로 지나가는 사람들을 유인하고, 파는 곳이 아닙니다. 식당이라면, 손님이 시설이나 위생이나 음식 맛에 대해 평가하고 거기서 먹을지 말지를 결정한 뒤, 마음에 들지 않으면 다시 나가면 그만이지만, 교회로서의 소그룹은 그런 곳이 아닙니다." 그는 소그룹을 각자가 한 가지 음식을 준비해 와서 다 같이 나누어 먹는 '포트럭 파티'(potluck party)에 비유한다.

우리나라처럼 초대한 사람이 모든 음식을 준비해서 손님에게 후히 대접하는 문화에서는 이것이 생소하게 들릴 수도 있지만, 요즘은 초대받은 손님들이 각자 음식을 만들어 와서 서로 나누어 먹는 경우가 많아졌다. 파티를 주최하는 사람은 장소와 간단한 음식을 제공하고, 참석하는 사람들은 자기 취향에 맞는 음식을 들고 온다. 이 포트럭 파티에 오는 사람들은 다른 사람들이 가져온 음식을 맛보고 즐거워한다. 여기에 참석하는 사람이라면 무엇이든 한 가지 음식을 들고 와야 한다. 물론 파티에 대해 공지하고, 장소를 제공하는 주최자는 바뀔 수 있으며, 돌아가며 주최자를 맡을 수도 있다. 그러나 '모든 사람이 한 가지씩 음식을 가져와야 한다'는 기본 규칙은 변하지 않는다. 상호 의존적 소그룹은 '소비자는 왕'이라는 심리로, 소그룹에 대해 이러쿵저러쿵 비판하기 전에 자신의 두 손에 들린 접시에 무엇이 담겨 있는지를 먼저 살핀다. 소그룹에 참여한 지체들은 고객이 아니기 때문이다.

우리는 하나님의 가족 공동체다. 함께 한솥밥을 먹는 식구다. 그러므로 관계가 소그룹의 핵심이다. 소그룹이 없이는 교회에서 가족 공동체의 본질을 경험할 수 없다. 모든 성도가 함께 드리는 주일예배와 같은 대그룹에서는 식구들이 나누는 사랑의 교제를 경험할 수 없다. 소그룹 리더는 이런 공동체로서의 관계를 경험할 수 있도록 배려해야 한다. 예배나 성경공부 위주의 소그룹에서는 이런 교제의 진수를 놓치기 쉽다. 소그룹에 오자마자 교재를 펼쳐 들고 숙제를 점검하며 고시 공부하듯 '열공'하는 분위기나, 늘 틀에 박힌 형식에 따라 예배드리는 분위기에서는 식구와 같은 교제를 경험할 수 없다. 소그룹이 너무 형식에 치우친 예배를 드리고 있거나 고시원 같은 분위기로 성경공부에만 치중하고 있지는 않은지 점검해보라. 누구나 들어와 편안함을 느끼며 쉽게 마음의 문을 열 수 있는 환경인지 진단해보라.

【소그룹을 위한 나눔】

◆ 우리 소그룹이 누구든지 들어와 편안함을 느끼며 마음 문을 열 수 있는 곳이 되려면, 어떤 변화가 필요하다고 생각하는가? 어떻게 그런 변화를 이끌어낼 수 있을지 토론해보자.

12장
삶의 필요를 채워주는 소그룹

　　소그룹을 인도하다 보면 계획했던 만큼의 좋은 결과를 얻지 못하고 모임을 마칠 때가 있다. 미리 잘 준비하고, 준비한 계획에 따라 모임을 이끌어가려고 애썼지만, 생각과 전혀 다른 결과를 보며 속상할 때가 있다. 무엇이 문제일까? 제니스 데이비스(Janice Davies)의 충고는 이러한 고민을 해결하는 데 귀중한 단서를 제공한다. 그는 소그룹을 훌륭하게 이끌어가는 리더는 공 세 개를 동시에 던지고 받는 재주를 부리는(저글링) 사람과 같다고 말한다. 소그룹 리더는 모임을 이끌면서 공 세 개를 한꺼번에 돌려야 한다는 것이다.

　　첫 번째 공은 항로를 유지하는 것이다. 소그룹 모임을 시작할 때는 리더 나름의 목표를 세웠을 것이다. 이번 주에 다루려던 성경 말씀과 교재에서 제시하는 목표가 있었을 것이다. 리더는 이러한 목표를 분명하게 숙지하고 있어야 한다. 목표가 분명해졌다면, 그 목적지를 향해 사람들을 이끌고 가야 한다. 모임을 이끄는 과정에서 돌출되는 여러 가지 변수 때문에 처음에 설정해놓은 항로가 아닌 변경된 항로를 선택해야 할 때도 있지만, 대개는 미리 준비한 대로 모임이 진행된다.

두 번째 공은 참여를 끌어내는 것이다. 설교가 일방적으로 선포되는 대그룹과 달리 소그룹에서 일어나는 변화가 더욱 역동적인 까닭은 지체들이 함께 참여할 수 있다는 이점 때문이다. 개개인이 적극적으로 참여할 때 효과적인 가르침과 배움이 일어난다. 소그룹 리더는 지체들이 자발적으로 소그룹 활동에 참여하도록 격려하며 도와야 한다. 소그룹은 한 사람도 소외당하지 않는 곳이다. 지체 한 사람 한 사람의 이름과 형편을 모두가 알고, 각자의 필요와 기도 제목을 놓고 함께 기도할 때 적극적인 참여를 끌어낼 수 있다. 성경을 공부할 때도 영적 성숙도와 관계없이 누구나 입을 열어 자신의 의견을 피력하고, 성경을 펼쳐놓고 자신이 발견한 것을 함께 나눌 수 있도록 배려해야 한다.

세 번째 공은 필요에 초점을 맞추는 것이다. 리더가 소그룹을 이끌다 보면, 준비한 내용을 전달하는 데만 집중하다 지체들의 삶과 동떨어진 피상적인 이야기만 하는 실수를 저지를 수 있다. 상처받고 있는 지체에 대해 눈치채지 못하는 것이다. 그러나 리더는 지체를 사랑하는 마음으로 그들의 구체적인 필요가 무엇인지 살펴야 한다. 지체 가운데 때때로 삶의 위기에 처했거나 어려움을 겪는 사람이 있다. 리더는 이런 상황에 민감하게 반응해야 한다. 소그룹 안에 중요하고 시급한 문제가 있다면, 당일에 나가기로 한 교재 내용이 있어도, 지체의 필요를 중심으로 항로를 바꿔야 한다. 교재 내용을 공부하기보다 성도가 당하는 고통의 의미를 다루는 말씀을 나누며 서로 도고하는 시간을 보내는 편이 지혜롭다.

소그룹 리더라면 가급적 문제가 없고 영적으로 건강한 사람들이 자신의 소그룹에 배치되기를 기대할 것이다. 하지만 편견을 가지고 하나님이 우리 소그룹에 보내시는 지체들을 거부해서는 안 된다. 리더는 그들의 아픔과 필요를 끌어안고 하나님께 나아가야 한다. 도움을 요청하는 그들의 안타까운 외침은 소그룹의 발목을 잡는 장애물이 아니다. 그들과 함께하는 것이 진정한 사랑을 나누는 소그룹으로 성장할 기회가 된다.

소그룹 리더는 성령님의 음성에 민감하게 귀를 기울임으로써 위의 세 가지 공을 함께 다룰 줄 알아야 한다. 문제는 우리가 이 중 한두 가지 공에만 치중하는 실수를 자주 범한다는 것이다.

지체들의 필요를 경청하는 리더

지체들의 필요는 크게 두 가지로 분류할 수 있다. 하나는 그들이 피부로 느끼는 필요(felt needs)와 지금은 느끼지 못하지만, 반드시 채워져야 할 필요(real needs)다. 이를 '느끼는 필요'와 '진정한 필요'라고 말할 수 있다. 소그룹 리더는 먼저 지체들의 진정한 필요를 볼 수 있는 영적 안목이 있어야 한다. 겉으로는 다르게 나타날지 모르지만, 그들의 내면 깊숙이 채워져야 할 영적 필요를 감지해야 한다. 그리고 그 필요를 어떻게 채울지 구체적인 전략을 세운다. 그것은 어쩌면 아직 깨닫고 있지 못한 죄에 대한 회개일 수 있다. 어떤 사람에게는 구원의 확신일 수도 있고, 또 어떤 사람에게는 자신을 주님께 전적으로 의탁하는 일일 수도 있다.

이런 진정한 필요를 파악하고, 지체들의 현재 상황과 그들이 피부로 느끼는 육체적, 감정적, 지적 필요도 구체적으로 파악해야 한다. 이러한 필요를 알아내려면 리더의 성육신적 태도가 필요하다. 지체의 처지에 서보아야 비로소 그들의 문제를 제대로 보고 도울 수 있다. 시간을 내어 대화를 나누고 그들의 마음속 이야기를 끄집어내보라. 이때 리더에게 필요한 자질은 '공감하며 경청하려는 태도'다.

인디언 속담 가운데 "듣지 않고 자기 말만 하는 자는 언어 장애인과 같다"라는 말이 있다. 이는 듣기의 중요함을 일깨워준다. 한 통계에 따르면, 사람은 하루에 4시간 동안 이야기를 듣는다고 한다. 그중 귀에 들어오는 알맹이는 2시간 분량이고, 거기서 정확하게 듣는 것은 1시간 분량이라고 한다. 또 거기서 이해하는 것은 30분 분량이고, 믿는 것은 15분 분량, 기억하는 것은 8분 분량이라고 한다. 특별한 계기가 없으면 이야기의 95퍼센트는 완전히 잊히는 셈이다. 어떤 사람은 하나님이 우리에게 귀 두 개, 그것도 한 개인 입보다 위에 두신 이유를 이렇게 풀이했다. 듣기가 말하기보다 4배나 중요하기 때문이라는 것이다.

들을 때는 상대방의 처지에 공감하며 경청하는 태도를 길러야 한다. 상대방의 필요를 이해하고, 나의 패러다임이 아닌 상대방의 패러다임에서 이야기를 들을 수 있어야 한다. 그럴 때 '이해'라는 열매를 맺는다. 남의 이야기를 들을 때는 도중에 방해하지 말고, 적당한 반응을 보이면서 의문이 생기는 부분을 질문해야 한다. 필요하면 메모하면서 듣는다. 섣부르게 판단하는 것은 금물이고, 상대방의 처지에서 격려하며 감정을 읽을 때 그들의 필요가 무엇인지 알 수 있다.

경청을 통해서 지체의 감정적인 아픔과 상처, 관계의 어려움과 육체적 고통, 사업이나 직장 스트레스, 자녀 교육 문제, 다른 사람과 비교하는 데서 오는 열등감, 경제적 어려움, 지적 욕구, 인생의 의미를 추구하는 문제, 영적 갈증이나 침체 또는 영적 전쟁으로 말미암은 여러 가지 어려움 등 '느끼는 필요'와 '진정한 필요'를 발견할 수 있다. 삶의 필요를 드러내도록 돕는 몇 가지 아이디어는 다음과 같다.

1) 소그룹 모임 시간 전에 일찍 도착해서 먼저 도착한 지체들과 차를 마시며 대화하는 시간을 보내라.
2) 자기 삶을 부담 없이 이야기할 수 있는 분위기를 조성하라. 이때 어떤 이야기를 하더라도 섣부르게 판단하지 말고 들어주며 용납해주어야 한다.
3) 성경공부 시간에 깨달은 말씀을 자기 삶에 적용하도록 생각할 수 있는 시간을 충분히 주라.
4) 정기적으로 기도 제목을 받아 각 지체와 그 가정의 필요를 파악하라.
5) 큐티나 영혼의 일기를 함께 나눔으로써 그들의 생활을 들여다보는 시간을 보내라.
6) 소그룹 모임 외 시간에 개인적으로 만날 기회를 마련하라.

그렇다면 이들의 삶의 필요는 어떻게 채울 수 있을까? 리더는 각 지체의 필요를 파악해야 할 뿐만 아니라, 아는 것만으로 그치지 말고 최대한 그것이 채워지도록 도와야 한다. 피부로 느껴지는 것뿐만 아니라 내면 깊숙이 숨겨진 진정한 필요가 드러나고 채워지도록 도와야 한다.

"배고픈 자에게는 귀가 없다"라는 아프리카 속담이 있다. 배고픈 자는 일단 자신의 문제가 해결돼야 다른 사람의 이야기를 들을 여유가 생긴다. 삶의 필요를 먼저 채워주는 일은 진정한 필요를 채워 궁극적인 삶의 변화를 이끌어내기 위한 중요한 징검다리다. 소그룹 지체들은 리더가 자신의 필요에 관심을 가지는지에 매우 민감하다. 리더가 자신에게 얼마나 관심이 있는지 알기 전에는, 리더가 전달하려는 메시지에 관심을 보이지 않는다.

'느끼는 필요'를 채워주며 지체를 돌보는 일은 소그룹 초기에 더욱 집중해야 한다. 세렌디피티 사역(하나님 말씀을 인격적 공동체인 소그룹을 통해 효과적으로 전달하는 사역)을 일으킨 라이먼 콜먼(Lyman Coleman)은 『소그룹 트레이닝 매뉴얼』(Small Group Training Manual)에서 크리스천 소그룹에는 성경공부와 확장 그리고 돌봄이라는 세 가지 요소가 함께 어우러진다고 말한다. 이 세 가지 요소는 소그룹의 발전 단계에 따라 차지하는 비율이 다르다.

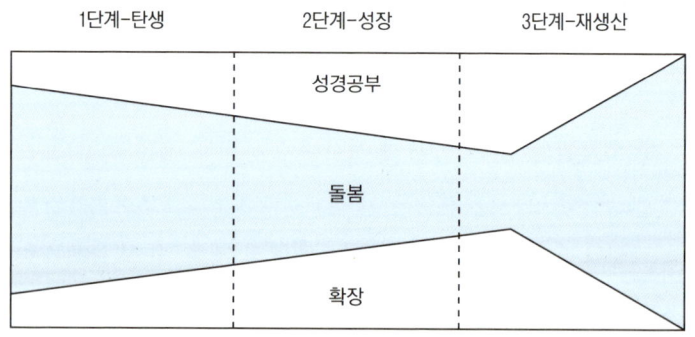

그룹이 형성되는 초기(1단계-탄생)에는 특히 돌봄의 요소를 강조해야 한다. 지체들의 삶의 현장을 주의 깊게 살피고, 그들의 문제와 아픔을 어루만져주며, 그들과 함께 울고 함께 웃는 인격적 만남이 있을 때 소그룹이 건강해진다. 그러므로 소그룹의 초기 단계에서는 의도적으로 서로의 삶을 드러내고 이해해보는 시간을 많이 보내야 한다. 지난 주간에 있었던 일 가운데 기뻤던 일이나 슬펐던 일을 이야기하고, 중요하고 긴급하다고 느끼는 기도 제목을 나누며 함께 기도하는 시간을 보내는 것이 좋다.

소그룹에 새 신자가 많거나 영적으로 아직 성숙하지 못한 사람이 많을수록, 리더는 그들이 피부로 느끼는 필요를 중요하게 여겨야 한다. 그들은 자신에게 무엇이 진정으로 필요한지 잘 알지 못하기 때문에, 리더가 그들을 대할 때 피부로 느끼는 필요를 매개체로 삼아 지속적인 우정의 관계를 맺어야 한다. 선교지에서 전도 대상자의 삶의 필요를 먼저 채워주듯이, 소그룹에 온 지 얼마 안 된 사람들에게도 이 같은 방식으로 다가가야 한다. 이사하는 사람을 찾아가 이삿짐을 날라주는 일, 칭얼거리는 아이를 돌봐주는 일, 시원한 음료수를 대접해주는 일, 아직 정착하지 못한 그들에게 생수를 공급해주는 일 등은 피부로 느끼는 필요를 채워주는 전형적인 사례라고 할 수 있다. 여기에 삶의 필요를 채워줄 수 있는 몇 가지 아이디어가 있다.

1) 공감하며 경청해주는 것만으로도 그들에게는 큰 위로와 치유가 된다.
2) 서로의 필요와 기도 제목을 놓고 뜨겁게 기도하는 시간을

보낸다. 기도에 응답하시는 살아 계신 하나님을 만나는 축복을 누리게 될 것이다.

3) 찬양하는 시간은 하나님을 향해 마음을 열고 위로부터 내리는 치유를 경험하는 매우 중요한 시간이다. 노랫말로 신앙 고백을 할 수 있도록, 가사를 함께 읽는다든지 그것을 묵상할 수 있는 시간을 보내라. 처음에는 아직 익숙하지 않은 찬양을 한 곡 정도 배우게 하고, 다음에는 익숙한 찬양으로 마음을 쏟도록 인도한다.

4) 안전하다고 느껴지는 소그룹이 되어야 한다. 다른 사람의 삶에서 일어나는 구체적인 필요를 나누되, 여기서 나눈 내용은 반드시 비밀에 부쳐야 한다. 소그룹에서 나온 이야기 중 프라이버시에 해당하는 내용은 남편이나 아내, 다른 가족에게도 알리지 않도록 주의하라.

5) 삶의 문제와 필요를 나눌 시간을 충분히 확보하라. 삶의 필요가 드러나면 그것을 위해 특별히 기도하고 상처를 어루만지며 돌보는 시간을 보내라. 성경 지식을 나누는 데만 치중하다가 삶의 필요를 드러내며 채워가는 시간을 놓치지 않도록 주의하라.

6) 사랑을 표현할 기회를 적극적으로 활용하라. 생일이나 기념일, 축하해주어야 할 일이 있을 때, 이를 계기로 삼아 삶을 공유할 수 있도록 이벤트를 기획해보라. 지체 가운데 이 방면에 은사를 가진 사람이 있으면 그에게 임무를 맡기는 것도 좋다.

7) 필요한 순간에 도움의 손길을 내밀 수 있도록 기회에 민감

하라. 상을 당했을 때, 병원에 입원했을 때, 이사할 때 등 삶의 중요한 순간을 놓치지 말라. 타이밍이 중요하다.

8) 경제적으로 어려움을 겪는 사람을 위해 헌금을 하거나 함께 아르바이트를 하라. 물질적으로 채워주는 것 이상으로 중요한 의미가 있다.

9) 지체의 필요를 다루는 좋은 서적이나 짧은 글을 함께 나누라. 필요를 채워줄 수 있는 좋은 아이디어를 얻을 것이다.

10) 혼자서 자기 문제에만 매달리면 영적 침체에 빠질 수 있다. 이런 지체가 있다면 적극적이고 긍정적인 영적 활동을 할 수 있도록 지도하라. 믿음의 형제자매가 함께 모여 기도하거나 구제나 선교 활동에 참여하여 부정적인 삶의 문제에서 탈출하도록 도우라.

11) 함께 음식을 나누는 식탁 공동체를 개발하라. 먹는 데서 사랑이 자란다.

소그룹에 참여하면서 삶에서 부딪히는 많은 문제와 필요가 기도와 말씀을 통해 그리고 공동체로 함께 살아가는 형제자매의 손길로 채워지는 경험을 하고 있는가? 지혜는 멀리 있지 않고 우리 삶 가까이에 있다. 주변을 살펴보고 건강한 소그룹과 영적 지도자를 통해 배우고 적용해보라.

【소그룹을 위한 나눔】

◆ 인생 여정 지도 그리기

지도를 나눠준 다음, 자신이 살았던 지역을 표시하여 오게 하라. 자신의 과거 이야기를 나누며 서로 알아가는 시간을 보내라.

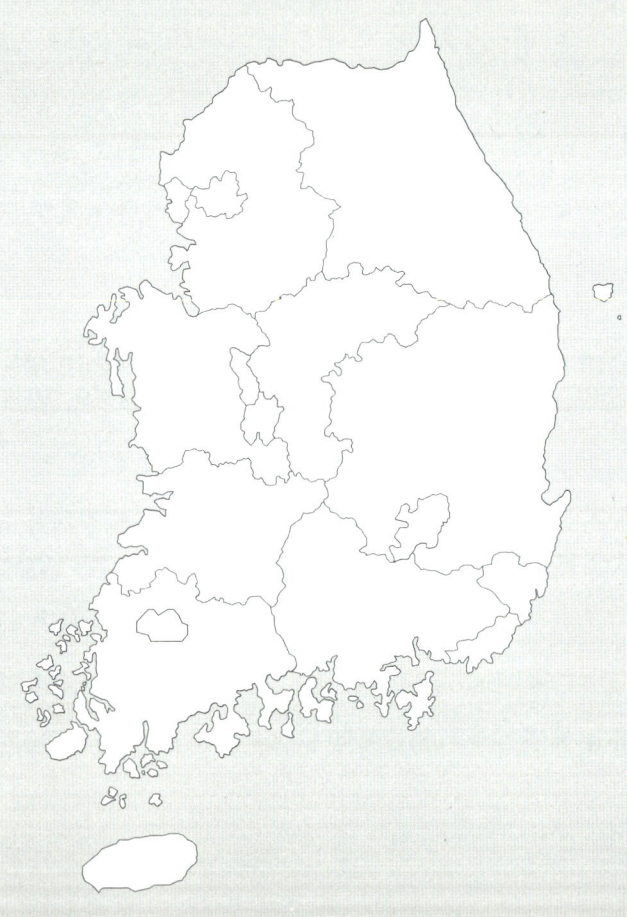

13장
문제와 갈등에 지혜롭게 대처하는 소그룹

문제가 생기지 않는 소그룹은 없다. 사람은 누구나 연약한 부분이 있기 때문이다. 연약한 사람들로 구성된 모임에는 문제가 발생할 소지가 있다. 관계가 깊어지면 지체 사이에 갈등이 언제든지 일어날 수 있다. 갈등은 모든 소그룹이 겪는 통과 의례일 것이다. 중요한 점은 그 문제와 갈등을 어떻게 해결해나가느냐는 것이다. 갈등을 잘 해결하면 소그룹은 한 단계 더 성숙한 모습으로 성장한다. 어떻게 지체 간 갈등과 소그룹 전체 문제에 지혜롭게 대처할 수 있을까?

소그룹에서 일어날 수 있는 다양하고 수많은 문제를 예방하려면 미리 기준을 정해야 한다. 소그룹에서 기대하는 바가 무엇인지, 이런 목표를 달성하기 위해 지체들이 무엇을 할지를 사전에 정하고 약속하는 것이다. 소그룹이 새로 시작하는 연초에 각자의 참여 동기를 서로 나누면 좋다. 먼저 영적 성숙, 진실한 교제, 격려와 위로, 의미 있는 봉사활동 등 소그룹에서 성취하고 싶은 목표를 브레인스토밍으로 나눈다. 그리고 이런 목표를 달성하기 위해 지체들이 지켜야 할 기준을 설정한다. 예를 들어, 모임 시간 엄수, 소그룹에서 나눈 내용의 비밀 유지, 발언 시간은 2분을 넘기지 않기, 뒷말하지 않기 등의 기준을 정하는 것이다. 이 내용을 종이에 적고 서명하는 것도 좋다. 소그룹 리더는 문제가 일어날 때마다 이렇게 정한 기준과 서로 약속했던 것을 상기시켜야 한다.

"두루 다니며 한담하는 자는 남의 비밀을 누설하나 마음이 신실한 자는 그런 것을 숨기느니라"(잠 11:13).

뒷말의 싹을 잘라내라. 사람은 누구나 다른 사람의 문제에 관해 이야기하기를 좋아하는 경향이 있다. 소그룹 안에는 유독 수군대기를 좋아하는 사람이 있을 수 있다. 교회에서 기도 제목을 가장한 뒷말이 나오기도 한다. 수군대기를 좋아하는 사람들은 다른 사람의 아픔과 필요를 알게 된 순간, 그것을 나눌 사람들을 찾아다닌다. 겉으로는 악의가 있어 보이지 않는다. 다만 그들은 다른 사람의 기도 제목을 나눌 뿐이다. "○○ 아시죠? 그 자매 남편이 다시 바람을 피운 것 같아요. 함께 기도해줘야 할 것 같아요." 기도 제목이 수군거림으로 바뀌는 순간이다. 이 말이 돌고 돌아 당사자에게 되돌아가면, 그는 소그룹에서 더는 삶을 나눌 수 없게 된다. 그리고 그 소그룹은 생명력을 잃는다. 어떻게 하면 좋을까?

이럴 때는 모임을 시작할 때 약속했던 비밀 유지 원칙을 상기시켜야 한다. 문제가 생기면 문제를 일으킨 사람을 따로 만나서 모임의 규칙을 다시 반복한다. 우리 중 누구도 그룹 안에서 들었던 이야기를 다른 사람에게 나눌 권리가 없다는 점을 분명히 해야 한다. 또 누군가가 나눈 내용은 그 사람의 것이지, 다른 사람에게는 어떤 권리도 없음을 강조한다. 아무리 좋은 의도로 말했다고 해도, 그것이 죄라는 사실을 알게 해야 한다. 만약 경고가 전혀 받아들여지지 않는다면, 그에게 소그룹을 떠나달라고 요청해야 할 수도 있다. 물론 이것은 마지막 수단이지만, 여러 차례 경고를 받고도 변화가 없다면 그렇게 해야 한다. 한 사람을 위해 그룹을 희생할 수는 없기 때문이다.

문제 상황에 개입하라

소그룹으로 모일 때마다 모든 주제에 대해 할 말이 너무 많은 사람도 있다. 이런 사람을 '입 터진 P 집사'라고 부르자. 그는 마이크를 잡으면 놓지 않는다. 이런 사람에게 죄가 있다면 자기 생각을 정리하기도 전에 입이 먼저 벌어진다는 것이다. 일단 그는 말을 시작하면 도무지 멈추지를 않는다. 소그룹에 이런 사람이 있다면, 리더는 "한두 문장 정도로만 답변해주시면 좋겠어요. 어떻게 생각하세요?"와 같이 짧은 답변을 원한다는 점을 분명히 해야 한다. 만약 "여기에 대해 어떻게 생각하는지 누가 말씀해주시겠습니까?"라고 물었더라도 문제가 되는 사람이 말할 기회를 줄이고 싶다면, 다른 사람을 지목해서 답을 부탁하는 편이 좋다. 사람들이 말할 때 리더는 끼어들지 않는 것이 좋다. 하지만 다른 사람들이 답할 기회를 주기 위해 개입해야 할 때가 있다. P 집사가 다시 이야기를 시작하려고 한다면 다른 사람의 의견을 구하라.

"P 집사님, 고맙습니다. 참 좋은 의견입니다. K 집사님은 어떻게 생각하세요?" P 집사가 이야기를 질질 끌면, 이렇게 말을 끊는 것도 필요하다. "그러니까 P 집사님 말씀은, …이란 뜻이지요? 그럼 다른 분 이야기도 들어볼게요." 또한 질문이나 대답할 때 한 사람이 2분을 넘기지 않기로 사전에 약속한 점도 언급한다. 그래도 정리가 되지 않는다면 그 사람을 따로 만나 소그룹의 '기본 규칙'을 재확인시켜주고 다른 사람들을 배려해달라고 부탁해야 한다.

P 집사와는 반대로 '혀가 굳은 L 집사'도 있다. 그룹 안에서 혼자만 말을 안 하는 것이다. 있는지 없는지도 모를 정도다. 이런 사람이 있다면 소그룹 모임이 아닌 다른 곳에서 그와 함께 시간을 보내라. 다과를 즐기며 잡담을 나누면서, 친구 같은 관계를 형성하라. 그리고 소그룹 안에서 L 집사의 관점과 의견이 매우 중요하고 가치 있다는 사실을 말해주라. 그가 충분히 대답할 수 있을 것 같은 문제나 단순 의견이 필요한 문제를 다룰 때 그에게 답변을 요청해보라. "L 집사님은 어떻게 생각하세요?"라고 묻고 대답할 시간을 준다. 혹여 대답이 너무 짧거나 그가 머뭇거리더라도 긍정적으로 받아들이라. 물론 그가 원한다면 그냥 넘어갈 수 있는 자유도 허락하라.

개인이 입을 다무는 예도 있지만, 그룹 전체가 조용한 경우도 있다. 리더가 질문을 던졌는데 모든 사람이 꿀 먹은 벙어리처럼 아무런 말을 하지 않는 것이다. 마치 방음 장치를 한 것처럼 침묵이 계속된다. 이럴 때는 어떻게 해야 할까? 침묵이 꼭 나쁜 것만은 아니다. 질문을 던지는 리더처럼 모든 지체가 답변할 준비가 된 것은 아님을 기억하라. 리더는 토론의 방향을 알고 있지만, 그들은 그렇지 않다. 리더는 답을 알지만, 그들은 이제 생각해서 그 답을 찾아야 한다. 그러므로 지체들이 자기 생각을 정리하고 답변할 수 있는 충분한 시간을 주어야 한다. 침묵의 순간이 익숙하지 않은 리더는 기다리지 못하고 답을 내놓고 만다. 그렇게 정답을 말하는 순간, 지체들은 생각하던 과정을 멈추고 이렇게 생각할 것이다. '우리 리더는 모든 답을 다 알고 있구나. 틀린 답을 내놓고 창피당하는 것보다는 조금만 더 침묵하자. 리더가 곧 답을 주겠지.' 혹시 전체 앞에서 말하기를 어려워하는 내향적인 사람들이라면 2명씩 짝을 짓거나 3-4명씩 작은 그룹을 구성해 좀 더 편안한 분위기에서 대화를 나눌 수 있게 하라. 소그룹 안에 침묵이 흐를 때는 리더가 재빨리 판단해야 한다. '기다려야 하는가?' '좀 더 쉽게 풀어서 질문해야 하는가?' '답변할 수 있도록 힌트를 줄 것인가?' 그러나 그 어떤 경우에도 답을 주려고 해서는 안 된다. 모든 사람이 침묵을 지키는 순간에도 성령님은 일하고 계심을 믿고 기다려야 한다.

    소그룹 안에는 모든 대화에 자신만의 확고한 관점을 가진 사람이 있을 수 있다. 그는 '그건 절대로 안 될 거야' 혹은 '그건 절대로 오래가지 않을 거야'와 같은 생각을 한다. 이런 사람을 '항상 삐딱한 Y 권사'라고 부르자. 그는 삶이란 언제나 잘해봤자 본전치기라고 믿는다. 이런 사람은 어떻게 다뤄야 할까? 『어떻게 최고를 이끌어낼 것인가』(*Extraordinary Influence*, 미래의창 역간)라는 책에서 팀 어윈(Tim Irwin)은 이런 사람들에게 '동맹적 피드백'을 사용하라고 권한다. '동맹'은 함께 노력해야 한다는 뜻이다. 상대방에게서 최고의 반응을 끌어내고자 '동맹 관계'를 구축하라는 것이다. 동맹적 피드백에는 두 가지 유형이 있다. 하나는 '열망 중심 피드백'이다. 이렇게 말해보라. "당신에게 중요한 개인적 목표나 열망, 희망, 꿈이 있을 것입니다. 저는 그것을 이루도록 도와드리고 싶습니다." 그 사람의 열망과 꿈에 초점을 맞춰 "이렇게 한다면 당신이 바라는 것을 이룰 가능성이 더 커질 겁니다"라고 말한다. 상대방이 성취하려는 것과 그가 변화되기를 바라는 부분을 연결하는 것이다.

또 하나는 '사명 중심 피드백'이다. 이것은 소그룹 전체가 공동의 목표를 달성하려는 집단적 요구를 중심으로 동맹 관계를 구축하는 것이다. 서로 합의한 소그룹의 사명과 목표를 지체의 역할과 직접 연결해 자연스럽게 피드백을 수용하고 따르려는 마음을 불러일으킨다. Y 권사에게 비록 삶이 힘든 것은 사실이지만, 하나님은 우리 각 사람을 위한 계획을 세우셨고, 우리에게 은혜와 복과 능력을 주셔서 그 어떤 어려움도 이겨내게 하신다는 사실을 상기시키라.

소그룹에는 마지막 결론을 꼭 자신이 마무리해야 한다고 생각하는 '독선적인 C 집사'가 있다. 이런 사람은 대개 율법적이고 독선적인 성향이 있다. 누구의 발을 밟든지 상관하지 않는다. 그리고 누구도 반론을 제기하지 못할 정도로 단호하게 대답한다. 어쩌면 매우 율법적인 교회나 가정에서 자라, 은혜를 경험해보지 못했을 것이다. 그런 권위적이고 율법적 태도에 리더가 겁먹어서는 안 된다. 웃으면서 부드럽게 애정을 가지고 그들을 대해야 한다. 자칫하면 별로 중요하지 않은 문제 때문에 분위기가 엉망이 될 수 있다. 그러므로 은혜롭게 대처해야 한다. 이런 부류의 사람에게는 이 주제에 대해서는 여러 가지 답이 있지 않겠느냐고 넌지시 말해보라. 동시에 그가 내놓은 의견이 다른 지체들에게 도움이 될 수도 있지만, 모든 것을 안다는 듯한 독선적인 태도 탓에 사람들이 그 말을 들으려 하지 않는다는 것도 상기해줄 필요가 있다.

소그룹에는 '따지기 좋아하는 K 집사'도 있다. 그는 논쟁을 좋아한다. 하지만 본인은 그것을 논쟁이라고 생각하지 않고 활발하게 의사를 교환하는 것으로 생각한다. 문제는 다른 지체를 공격해서 상처를 준다는 것이다. 어떤 때는 의견이 다른 것을 가지고 인신공격을 하는 바람에 사람들이 입을 다물어버리기도 한다. 물론 소그룹 안에서 활발한 토론이 이루어지다 보면 흥분할 때가 있다. 그 주제가 성경에 관한 것일 수도 있고, 정치나 일반 상식에 관한 것일 수도 있다. 그런데 지나치면 그 흥분이 무례함이 되고, 토론이 아닌 논쟁이 돼버린다. 이때 리더가 잘잘못을 따져서 한쪽 손을 들어주는 것은 지혜롭지 못하다. 특히 소그룹에서는 정치적 사안을 두고 논쟁하지 않도록 조심해야 한다. 사람마다 교단 배경이 달라서 교리 논쟁이 펼쳐질 수도 있다. 그러나 이런 논쟁은 수백 년 이어진 것으로 하루아침에 해결할 수 없다. 그러므로 논쟁으로 번졌다는 생각이 들면, 리더는 토론을 단호히 중단시키고 확고한 태도로 기본 규칙을 확인해주어야 한다. 예를 들면, "우리가 토론할 때 다른 사람의 감정을 배려하기로 했던 것을 기억하세요?"라고 말하라. 소그룹에서 부딪히는 일이 있었다면 가능한 한 빨리 그와 개인적으로 만나 이야기를 나누어야 한다. 같이 식사하거나 길게 대화할 수 있는 자리를 만들어보라. 그의 태도가 지체들과 갈등을 일으킨다는 사실을 말하라. 그가 좋은 방향으로 변해간다면, 그를 몇 번 더 만나 갈등을 완전히 끝내라.

새로운 멤버와 이단에 대한 전략

　소그룹에 새로운 사람이 들어왔을 때 어떻게 하면 좋을까? 새로 들어온 사람이 기신자로서 성경을 잘 알 수도 있고, 초신자로 기독교에 완전히 문외한일 수도 있다. 어느 정도 교회 문화에 익숙하고 소그룹에 잘 적응할 수 있는 사람이라면, 한 주 정도는 원래 나가려던 진도를 건너뛰고 소그룹의 모든 지체를 알아가는 시간을 마련하는 것이 좋다. 그러나 소그룹이나 교회 문화에 생소한 초신자가 들어왔을 때는 좀 더 전략적으로 접근할 필요가 있다. 소그룹에 소속감을 느끼고 잘 정착할 수 있도록, 멘토 한 사람을 지정해서 교회 생활 전반을 돕게 하는 것이 좋다. 또 소그룹의 성경공부 내용을 새 신자 수준에 맞춰 3-4주 동안은 쉽고 복음적인 내용으로 바꾸는 것도 도움이 된다. 초신자와 기존의 지체들이 가까워지고 서로 익숙해질 때까지 소그룹 운영의 속도를 조금 늦추는 편이 좋다. 초신자에게 성경 지식이 없는 점을 고려해 대답하기 쉬운 질문을 던지고, 그가 대화에 적극적으로 참여할 수 있도록 배려해주어야 한다.

　종종 소그룹에 이단이 끼어들 때도 있다. 그는 모임에는 관심이 없고 지체들을 자신의 이단 종파로 끌고 가려고 침투한다. 이런 사람이 소그룹에 들어온다면 리더가 분별력 있게 그를 판단하는 것이 중요하다. 그가 이단일지도 모른다는 판단이 서면 담당 교역자와 의논하라. 이럴 때는 신속하게 움직이는 것이 중요하다. 결정을 내리지 못하면 어려움이 커질 수 있다. 이단에 대한 분별력을 가진 사역자와 함께 그를 만나야 한다. 그가 이단이라는 것이 분명할 때는 주저 없이 소그룹과 교회에서 떠나도록 요청해야 한다. 이렇게 하기가 힘들어도 반드시 해야 한다. 혹여 그는 여기서 예수님에 대해 더 알아가고 싶다고 말할지도 모른다. 아니면 소그룹 리더를 집요하게 공격할 수도 있다. 그는 이 상황이 옳지 못하며, 리더를 완고하고 편협하다고 몰아붙일지도 모른다. 그러나 리더의 책임은 하나님이 우리에게 맡기신 양 떼를 보호하는 것이다. 그러므로 이 상황을 신속하고 단호하게 정리해야 한다.

    소그룹 안에서 성숙한다는 것은 좋은 분위기를 지속한다는 것이 아니라 갈등과 어려움이 와도 그것을 넘어서는 것이다. 소그룹에 이런저런 어려움이 있다는 것은 우리 소그룹이 성장하고 있다는 방증이기도 하다. 유능한 리더는 소그룹 안의 갈등을 더욱 견고한 공동체로 만드는 계기로 삼는다. 갈등을 어떻게 극복하느냐에 따라 이전에 느끼지 못했던 깊은 하나 됨을 경험할 수 있다. 그러므로 문제가 있다면, 그 상황에 적용할 수 있는 대안을 성경에서 찾으라. 하나님께 엎드려 도와주시기를 구하라. 주님이 주시는 지혜로 위기를 성장의 기회로 바꾸라. 전진하는 배에만 파도가 친다. 건강한 소그룹으로 성장하기 위해 부딪히는 문제들을 두려움 없이 대면하고 해결해가라.

14장
격려로 성장을 돕는 소그룹

　　대부분 삶의 변화는 서서히 일어나고, 한 사람이 성숙해지기까지 생각보다 오랜 시간이 걸린다. 소그룹 리더가 어떻게 하면 지체들을 그리스도를 닮은 성숙한 그리스도인으로 세워갈 수 있는지를 고민하는 이유가 여기에 있다. 하루아침에 성숙한 사람이 세워지지 않기 때문이다. 영적으로 어린 성도를 성숙의 자리로 이끌고, 그들을 또 다른 사람의 성숙을 돕는 사역자로 세우기 위해 고민하는 소그룹 리더에게 필요한 것은 격려다. 지체들이 삶에 말씀을 적용하고, 그 말씀에 순종함으로 삶의 변화를 경험하게 하려면 격려를 잘해야 한다.

　　소그룹에서 격려의 말을 하면 그룹의 모든 사람이 활력을 얻는다. "칭찬은 고래도 춤추게 한다"라는 말이 있다. 격려는 낙담한 사람에게 용기를 주고, 상처받은 사람을 치료한다. 사람은 누구나 마음에 깊은 상처가 있다. 이것은 자기도 모르게 말과 행동으로 표출된다. 그런데 우리가 받은 상처 대부분이 말로 받은 것이다. 그래서 격려는 말로 상처를 입은 사람에게 치료 약이 된다.

격려의 말 한마디가 마음속 깊은 상처를 어루만지고 치료해준다.

격려는 어려운 문제에 부딪혔을 때 문제 해결 능력을 증진하고 자신의 긍정적인 면을 볼 수 있도록 도와준다. 하나님이 주신 뛰어난 은사들이 있는데도, 그것을 제대로 발휘하지 못하는 사람을 종종 본다. 대부분 자신에게 있는 은사로 어떤 일을 할 수 있다는 자신감이 부족하기 때문이다. 이들에게 있는 은사를 일깨우고, 그 은사를 활용하여 주님의 몸 된 교회를 든든히 세워갈 수 있다는 동기를 부여하는 것이 격려다. 격려는 패배주의에 빠져 있고 무기력하기만 하던 사람들에게 힘과 용기를 준다.

또 격려는 지체의 믿음을 자라게 한다. 데살로니가전서 1장 2-7절을 보면, 바울이 데살로니가 교회 성도들의 믿음을 칭찬하고 격려하는 모습이 나온다.

"우리가 너희 모두로 말미암아 항상 하나님께 감사하며 기도할 때에 너희를 기억함은 너희의 믿음의 역사와 사랑의 수고와 우리 주 예수 그리스도에 대한 소망의 인내를 우리 하나님 아버지 앞에서 끊임없이 기억함이니 하나님의 사랑하심을 받은 형제들아 너희를 택하심을 아노라 이는 우리 복음이 너희에게 말로만 이른 것이 아니라 또한 능력과 성령과 큰 확신으로 된 것임이라 우리가 너희 가운데서 너희를 위하여 어떤 사람이 된 것은 너희가 아는 바와 같으니라 또 너희는 많은 환난 가운데서 성령의 기쁨으로 말씀을 받아 우리와 주를 본받은 자가 되었으니 그러므로 너희가 마게도냐와 아가야에 있는 모든 믿는 자의 본이 되었느니라."

바울은 왜 이렇게 데살로니가 성도들을 입에 침이 마르도록 칭찬했을까? 김세윤 박사는 사도 바울이 데살로니가 성도들에게 사랑과 감사의 마음을 표현하기 위해 칭찬한 것이라고 말한다. 하지만 이는 한편으로는 다분히 수사학적 의도를 내포하고 있는 표현이라고 했다. 데살로니가 교회는 세워진 지 겨우 4-5개월밖에 안 된 교회인데, 바울은 이들이 마케도니아 전체 성도의 본이 되었다고 크게 칭찬한다. 이는 연약한 데살로니가 성도들을 인정하고 높여, 어려운 환경 가운데서 그들이 훌륭히 지켜온 덕목들을 계속 지키며 신앙의 길을 걸어가도록 격려하기 위해서라는 것이다.[1] 바울의 칭찬을 받은 데살로니가 성도들은 어떻게 반응했을까? 아마도 그들은 믿음을 더욱 굳건히 하고, 서로 봉사하며 돕는 일에 힘쓰게 되었을 것이다. 격려는 지체의 믿음을 자라게 하고, 성숙한 사람으로 변화되도록 돕는다.

격려하는 리더

격려를 잘하는 소그룹 리더가 되려면 어떻게 해야 할까? 먼저 격려하기 전에 지체들의 영적 상태를 점검해야 한다. 그들의 마음을 살피고 이해할 때 진정으로 격려할 수 있다. 칭찬하노라고 했는데 별로 좋은 반응이 안 나올 때가 있다. 진정성 없이 건성으로 하는 것은 상대방도 알아차린다. 잘했다고 하는데 도대체 뭘 잘했는지 모르겠다는 생각이 든다면, 제대로 격려한 것이 아니다. 격려할 때는 상대방을 소중히 여기는 마음과 진정으로 관심이 있다는 점을 보여야 한다. 격려는 상대방의 상태를 민감하게 살피고 이해하며, 그를 통해 일하실 하나님을 믿는 마음으로 하는 것이다. 소그룹 지체들을 격려하기 위해 다음과 같은 항목을 점검해보라. '지체가 하나님과 친밀한 관계를 유지하고 있는가?' '혹시 하나님에게서 멀리 떨어져 있지는 않은가?' '그는 자신이 어디까지 영적으로 성장했다고 느끼는가?' '다음 영적 단계로 성장하도록 어떻게 그를 도울 수 있는가?' 이처럼 리더의 진심이 전달될 수 있도록 지체를 꾸준히 살피며, 그 사람에게 적합한 격려의 표현을 사용하기 위해 노력해야 한다.

래리 크랩(Larry Crabb)과 댄 알렌더(Dan B. Allender)는 『격려를 통한 영적 성장』(Encouragement, 복있는사람 역간)이라는 책에서 이렇게 조언한다. "격려할 기회를 일부러 만들기보다 적당한 시점을 포착할 때 효과가 가장 크다." 많은 사람이 그윽한 커피 향이 나는 운치 있고 분위기 좋은 장소에서 대화할 때 격려가 일어날 것으로 생각한다. 물론 그럴 수도 있지만, 대부분 격려는 평범한 일상 속 대화에서 일어난다. 지나가면서 주고받은 몇 마디에 사람들은 격려를 받는다. 다른 사람들은 격려가 담겼다고 눈치채지 못하는 지극히 평범한 말이지만, 그 말속에서 상대방이 이해와 배려를 느낄 때 그것이 격려가 된다. 격려할 적절한 기회를 포착하라. 그리고 적극적으로 격려하라.

소그룹에는 여러 가지 이유로 모임에 자주 결석하는 사람도 있고, 관계 때문에 힘들어하는 사람도 있다. 영적으로 성장하는 예쁜 모습을 보여주는 사람이 있는가 하면, 정체 상태에 빠진 사람도 있다. 어떤 상황에 있든지, 모든 사람에게 격려가 필요하다. 지체와 보내는 순간순간을 격려의 기회로 삼으라. 아주 작은 일이

어도 잘한 일에는 격려를 아끼지 말라. 힘든 과제나 도전을 해결했을 때 칭찬하라. 필요하다면 소그룹 모임 때 전체 앞에서 공개적으로 칭찬하거나 시상할 수 있다. 소그룹 리더가 지체를 격려할 수 있는 몇 가지 방법이 있다.

1) 성경 말씀을 사용해 하나님의 능력과 약속을 상기하라. 사망의 음침한 골짜기를 지나가는 것 같은 힘든 시간을 보내는 지체에게 "낙심하지 말지니 포기하지 아니하면 때가 이르매 거두리라"(갈 6:9)는 말씀으로 인내하고 좌절하지 말며 선을 행하라고 격려하라.
2) 누군가가 나를 지지하고 있다는 사실은 사람들에게 큰 힘을 북돋아준다. 지체가 언제든지 쉽게 리더에게 도움을 청할 수 있다는 것을 알려주라.
3) 지체에게 있는 고유한 은사와 장점이 무엇이고, 그것이 다른 사람들에게 어떤 영향을 끼치는지 말해주라.
4) 소그룹의 모든 사람이 그를 위해 기도하고 있음을 말해주고, 짐을 나누어 질 구체적인 방법을 모색해보라(갈 6:2).
5) 그들을 생각하며 신뢰하고 기대하고 있음을 알려주는 다양한 격려의 방법을 활용하라. 손으로 직접 쓴 편지나 카드, 카톡이나 이메일로 짧은 격려의 메시지를 보내도 좋다. 힘들었던 순간에 받은 작은 선물이나 사랑이 담긴 행동은 특히 기억에 오래 남는다. 상담학자 래리 크랩이 "사람이 변화하는 것은 90퍼센트의 격려와 10퍼센트의 지적으로 이루어진다"[2]라고 했던 말은 진리다. 세상살이에 지

쳐 힘들어하는 지체들이 당신의 격려 때문에 건강하게 다시 서는 역사가 소그룹 안에서 일어나기를 바란다.

【소그룹을 위한 나눔】

◆ 시상식

한 학기 동안 소그룹에 빠지지 않고 참여한 지체에게 상을 주라. 그것은 다른 지체들에게도 공동체 활동에 잘 참여하겠다는 동기를 부여할 것이다. 시상할 때 재미있는 이름을 붙여 상을 주라.

- 맛있는 간식을 준비해준 사람에게 주는 상: 백종원상
- 사진이 가장 예쁘게 찍힌 사람에게 주는 상: 이 구역 얼짱상
- 가장 재미있는 에피소드를 나눈 사람에게 주는 상: 둘이 듣다 하나가 기절해도 모를상
- 창의적인 아이디어나 적절한 해결책을 제시한 사람에게 주는 상: 상상 그 이상상
- 한 사역을 오랫동안 꾸준히 한 사람에게 주는 상: 땡큐 베리 감상
- 보이지 않는 곳에서 묵묵히 지체를 섬긴 사람에게 주는 상: 촛불상

15장
돌봄이 있는 소그룹

어떤 소그룹에나 돌봄이 필요한 사람이 있다. 육체적인 질병에 시달리거나, 마음에 상처가 있거나, 우울증으로 밤잠을 못 자고 힘들어하거나, 사람들과 관계를 맺는 데 어려움을 겪는 사람들이 있다. 사람마다 마주하는 문제와 증상은 다르다. 하지만 그들은 몹시 고통스러운 상태에 있다. 그들을 생각하면 마음이 아려온다. 그들은 누군가의 도움이 절실히 필요하다.

새들백교회에서는 이런 사람들을 가리켜 EGR(Extra Grace Required, 특별한 은혜가 필요한 사람들)이라고 표현한다. 소그룹에 이런 부류의 사람이 한두 명 있다면 지체들이 힘을 합해 위기를 극복하는 과정에서 은혜를 경험할 수도 있다. 그러나 만약 한 소그룹에 이런 사람이 여러 명 배정되면, 이들이 역기능으로 작용하여 소그룹 전체가 어려움에 부닥칠 수 있다. 그러므로 소그룹을 구성하기 전에 EGR을 민감하게 고려하여, 이들이 적절한 도움을 받을 수 있는 환경으로 소그룹을 조정해야 한다.

소그룹 리더는 연약한 지체들을 섬기고 돌보는 자로 부름을 받았다. 예수님이 병자들을 치유하시고 제자들에게 그 일을 맡기신 것처럼, 오늘날 교회에서도 소그룹 리더들이 그런 돌봄의 사역을 담당한다. 하지만 막상 소그룹 안에 특별한 도움이 필요한 지체가 있으면 리더 마음에 부담될 수 있다. '내가 이 형제나 자매를 잘 돌봐줄 수 있을까?' 하는 두려운 마음이 들 때도 있다. 하나님이 우리 손에 맡기신 지체들을 어떻게 돌봐야 할까?

무엇보다 먼저 우리의 돌봄이 필요한 지체를 개인적으로 만나는 것이 필요하다. 어려움을 겪는 지체를 만나 상황을 파악해야 한다. 이때 리더에게 필요한 것은 불쌍히 여기는 마음이다. 모든 돌봄과 섬김의 행동은 사랑과 긍휼히 여기는 마음에서 비롯한다. 누가복음 5장에 나오듯이, 중풍병자를 들것에 메고 예수님을 찾아간 친구들처럼 도움이 필요한 지체를 찾아가 긍휼한 마음과 사랑의 태도로 그가 하는 말에 귀를 기울여야 한다. 함부로 판단하지 말고 경청하려는 열린 마음으로 그를 대하면, 그는 자연스럽게 자기 아픔을 이야기할 것이다.

고통당하는 지체를 돌볼 때 우리 모두에게 필요한 것은 믿음이다. 중풍병자를 메고 찾아간 친구들은 예수님이 병든 친구를 치유해주시리라고 믿었다. 중풍병자가 회복되었던 것은 그 병자의 믿음이 아니라 친구들의 믿음이었음을 기억하라. 당장 고통 속에서 허우적거리는 사람은 믿음을 발휘하기가 어려울 수 있다. 마음속 깊은 상처나 오랫동안 쌓여온 습관이나 다른 여러 문제 때문에 하나님 앞에 나아오기를 두려워할 수 있다. 그때 돕는 자들이 먼저 믿음을 보여야 한다. 히브리서 7장 25절 말씀을 보라. 예수님은 자기를 힘입어 하나님께 나아가는 자들을 온전히 구원하실 수 있는 분이다. 지금도 그분은 살아 계셔서 우리를 위해 간구하고 계신다. 주님 안에서 해결되지 못할 문제나 어려움은 없다. 그 어떤 절망스러운 환경에 있다고 해도 그리스도 안에서 해결하지 못할 일이란 없다. 여전히 예수 그리스도는 우리의 소망이시다.

치유와 회복의 소그룹

소그룹은 주님의 치유와 회복을 경험하는 정말 중요한 자리다. 주님이 해결하실 수 있다는 확고한 믿음으로, 절망적인 문제와 상황을 놓고 기도하는 것이 소그룹이 할 일이다. 중풍병자의 친구들은 그저 기도만 하면서 기다리지 않았다. 그들은 누워 있는 친구를 들것에 메고 예수님께 데리고 왔다. 고통 속에 있는 지체를 놓고 기도하는 것만으로 충분하지 않을 수도 있다. 그 문제를 해결할 행동이 필요하다. 그리고 행동에 옮길 때는 너무 쉽게 포기하지 말아야 한다. 예수님과 중풍병자 사이에 수많은 군중이 가로막고 있었던 것처럼 힘든 사람들을 돌보다 보면 여러 장애물을 만나기 마련이다. 하지만 친구들에게 그것은 문제가 되지 않았다. 리더는 돌봄이 필요한 지체를 섬기면서 낙심하기가 쉽다. 그러나 포기해서는 안 된다. 우리 주님은 선한 일을 행하는 우리가 오래 참기를 원하신다. 갈라디아서 6장 9절을 잘 보이는 곳에 적어 놓고 늘 상기하라. "우리가 선을 행하되 낙심하지 말지니 포기하지 아니하면 때가 이르매 거두리라."

어렵고 힘든 사람을 돕는 사역일수록 돌보는 자들이 협력하여 그 일을 창의적으로 감당해야 한다. 그러나 너무 비장한 각오로 달려들면 금방 포기하게 된다. 어려운 일일수록 즐겁게 해야 한다. 돕는 사람이 먼저 영적으로 살아 있어야 힘든 사역을 감당할 수 있다. 쏟아붓기만 해서는 안 된다. 그러므로 자신이 먼저 영적으로 채워져, 기쁨으로 충만한 가운데 여유 있게 사역을 감당해야 한다. 또 어렵고 힘든 사역일수록 혼자서 할 수 없고, 협력할 친구들이 필요하다. 희생해도 여럿이 나누어서 해야 선한 일을 지속해서 감당할 수 있다. 그런 여유가 있어야 창의적이고 혁신적인 아이디어로 사역할 수 있다.

도종환 시인의 산문집, 『그때 그 도마뱀은 무슨 표정을 지었을까?』에 흥미로운 이야기가 나온다. 도마뱀 하나가 목수들의 실수로 몸에 못이 박혀 옴짝달싹 못 하게 되었다. 그러자 친구 도마뱀이 그 죽어가는 도마뱀을 위해 끼니마다 먹이를 물고 나타나 먹여주었다. 해가 지면 얼굴을 맞대고 함께 두려움을 견뎠다. 친구 도마뱀의 사랑으로 몸에 못이 박힌 도마뱀은 고통을 이겨내며 3년을 더 살았다. 힘든 세상을 살아가는 우리는 모두 이 이야기에 나오는 도마뱀처럼 인생 어느 부분에 못이 박힌 채 살아간다. 소그룹 지체들은 삶 어느 구석이 못 박혀 있는 서로의 필요를 채워주고, 두렵고 힘든 기다림의 시간을 함께해야 한다. 그 못 박힘에서 자유로워질 때까지 서로 격려하고, 위로와 기쁨과 소망을 나누는 것이 소그룹에서 우리가 할 일이다.

감정 은행 계좌의 원리

누군가가 우리에게 도움을 요청할 때 우리가 어떤 반응을 보이느냐는 평소에 그와 어떤 관계를 맺었고, 얼마만큼 신뢰하는 관계인지에 따라 결정된다. 『성공하는 사람들의 7가지 습관』(The 7 Habits of Highly Effective People, 김영사 역간)에서 스티븐 코비(Stephen Covey)는 건강한 대인 관계에서 가장 중요한 신뢰의 수준을 '감정 은행 계좌'에 비유하고 있다. 은행에 계좌를 만들면 예입하여 저금할 수 있고, 필요할 때 찾아서 사용할 수 있는 것처럼, 감정 은행 계좌란 인간관계에서 구축하는 신뢰의 정도를 은유적으로 표현한 것이다. 다른 말로, 우리가 다른 사람에 대해 느끼는 안정감을 뜻한다. 만약 우리가 어떤 사람의 감정 은행 계좌에 저축을 많이 했다면, 그는 우리가 부탁하는 일을 매우 열정적으로 해줄 것이다. 그러나 그 계좌가 비었다면, 그는 거절하든지 아니면 마지못해 그 일을 해줄 것이다.

소그룹에서 지체들을 돌보는 일에도 감정 은행 계좌의 원리를 그대로 적용할 수 있다. 지체와의 관계에서 감정 은행 계좌에 계속 입금하면, 소그룹 지체들은 리더를 기꺼이 따르고 신뢰할 것이다. 영적인 활동을 펼쳐나가는 것도 이런 관계의 기반 위에서 일어난다. 그렇다면 소그룹 안에서 감정 은행 계좌에 입금하는 행동에는 무엇이 있을까? 먼저 따뜻한 인사가 있다. 또 적절한 스킨십과 눈 맞춤, 격려의 말은 좋은 관계를 맺게 해주는 윤활유 역할을 한다. 인정과 칭찬도 있다. 지체들이 어떤 일을 해냈을 때마다, 크든 작든 그것을 인정하고 칭찬하라. 그리고 지체에게 시간과 물질, 몸으로 섬겨주라. 가능한 한 빨리 갈등을 없애자. 문제가 생겼다면 개인적으로 찾아가 얽힌 매듭을 풀어야 한다. 필요하다면 고백하고 용서를 구하라. 상대방에게 무엇을 해주려고 하기보다 그 사람의 말을 잘 들어주는 것도 감정 은행 계좌에 입금하는 좋은 행동이다.

감정 은행 계좌에 입금할 수 있는 또 다른 좋은 방법이 있다. 상대방의 사랑의 언어가 무엇인지를 찾아 그가 선호하는 사랑의 언어로 표현하는 것이다. 저명한 기독교 상담가이자 결혼 생활 세미나 인도자인 게리 채프먼(Gary Chapman)은 『5가지 사랑의 언어』 (*The Five Love Languages*, 생명의말씀사 역간)라는 책에서 사람은 누구나 다섯 가지 사랑의 언어 중에서 가장 중요하게 생각하는 제1 사랑의 언어가 있다고 소개한다. 반대로 사람마다 그다지 중요하게 여기지 않는 사랑의 언어도 있다. 사랑한다고 하면서도 서로 다른 사랑의 언어로 소통하면, 상대에게 상처를 주기가 쉽고 모두 힘들어진다. 분명히 서로 사랑하는데 주파수가 안 맞는 것이다. 그러면 내 사랑의 언어는 무엇이고, 상대방의 사랑의 언어는 무엇인지 파악하는 일이 중요해진다.

1) 인정하는 말: 어떤 사람은 칭찬과 격려를 중요하게 생각한다. 이런 사람은 칭찬하고 인정하는 말에 감격하며, '사랑해'라는 말을 듣기를 원한다. 그래서 잘한 일과 친절하게 대해준 일을 칭찬하여, 그가 자신의 잠재력을 키울 수 있도록 격려하는 것이 좋다.

2) 함께하는 시간: 어떤 사람은 함께 많은 시간을 보낼 때 사랑받는다고 느낀다. 이런 사람은 온전히 자신에게 집중해주는 것을 최고의 사랑으로 생각한다. 상대가 대화를 나누면서 자신에게 집중하지 못하고 다른 일에 관심을 두면 상처를 받는다. 그는 대화에서 조언을 얻기보다 자신의 감정을 이해받기를 원한다. 그러니

이런 사람과 있을 때는 텔레비전을 끄고, 탁자에 놓인 신문도 치우고, 서로 바라보며 대화하자.

3) 선물: 어떤 사람은 상징적인 의미가 있는 물건으로 사랑을 확인한다. 선물을 받으면 '저 사람이 나를 무척 생각해주는구나'라고 받아들인다. 선물에 담긴 사랑과 노력을 소중히 여기기 때문에, 이들에게는 선물이 사랑의 언어다. 그래서 사랑한다는 마음을 전하려면 사랑과 정성이 깃든 선물을 주는 것이 좋다. 또 선물이 사랑의 언어인 사람에게서 선물을 받는다면, 감사하다는 반응을 확실히 보여주는 것이 중요하다. 그런데 선물이 비싸야 한다거나 너무 자주 줘야 할 필요는 없다. 사랑이 깃든 그 무엇을 주기만 하면 된다.

4) 봉사: 어떤 사람은 자신이 원하는 어떤 일을 해주는 것이 사랑의 언어일 수 있다. 이런 사람에게는 말보다 행동이 더 중요하다. 요리, 설거지, 청소 등과 같이 노력과 수고가 필요한 일을 해주는 것이 사랑의 표현이다. '당신을 위해 이것을 해주겠소'라는 반응을 원하는 것이다. 자발적으로 이런 일을 해주는 것은 놀라운 사랑의 표현이 될 수 있다.

5) 스킨십: 어떤 사람에게는 스킨십이 사랑의 언어가 될 수 있다. 이런 사람은 포옹이나 등 두드리기, 손잡기 등을 통해 감정을 표현한다. 신체 접촉을 꺼리거나 혐오하는 사람들과는 완전히 다르다. 스킨십이 주된 사랑의 언어인 사람에게는 적절한 접촉이 가장 깊이 있게 사랑을 표현하는 방법이다.

다섯 가지 모두 사랑을 표현하는 방식이지만, 사람마다 선호하는 사랑의 언어가 다르기 때문에 사랑하는 사이에서도 사랑을 느끼지 못하거나 갈등이 생길 수 있다. 지체들이 선호하는 제1 사랑의 언어를 찾아서 그 언어로 상대방을 대해보자. 내가 전달하려는 사랑을 상대방이 느끼기를 바란다면, 그 사랑을 그가 선호하는 제1 사랑의 언어로 표현해야 한다. 상대방의 사랑의 언어로 표현하는 것이야말로 감정 은행 계좌를 풍성하게 채워, 신뢰를 형성하는 일이다. 그때 상대방은 최고의 능력을 발휘하게 될 것이다.

소그룹은 일주일에 한 번 모이는 그룹 이상의 공동체가 되어야 한다. 피상적인 관계를 넘어선 돌봄을 위해 몇 가지 방법을 공유한다.

1) **자주 만나라**: 소그룹은 가급적 매주 모이는 것이 좋다. 격주로 만나도 되지만, 그러면 모이는 것이 삶의 패턴으로 자리 잡히지 않아 점점 더 모임에 참석하지 않게 된다. 그리고 한 번만 빠져도 한 달 동안 보지 못하는 셈이 된다.

2) **교회가 아닌 다른 장소에서도 만나라**: 집이나 카페에서 만나는 편이 좀 더 편안하다고 느낄 수 있다. 그리고 더 친밀한 감정을 갖게 된다. 모임이 교실처럼 경직된 분위기에서 이루어지는 것을 피하라.

3) **주인 의식을 품게 하라**: 소속감과 함께 책임을 나누라. 지난주 설교 요약, 지체의 생일 챙기기, 찬양 인도, 기도 제목 공유하기, 성경을 꾸준히 읽는지 점검해주기, 큐티에서 받은 은혜를 카톡으로 나누기 등 다양한 사역 활동을 개발하여, 각 사람이 맡기 원하는 활동을 하나씩 책임지게 하라. 은사를 발견하고 그에 따라 섬기게 하는 것이 좋다.

4) 예배에 함께 참석하라: 지체들이 같은 예배에 참석하면 공동체 형성에 도움이 된다. 예배 후에 교회에서 함께 식사할 수도 있고, 카페에서 잠깐 교제할 수도 있다.

5) 지체 가운데 믿지 않는 가족이나 친구 때문에 가슴앓이를 하는 사람이 있다면, 함께 기도하며 전도에 힘쓰라.

6) 기회가 있을 때 함께 단기 선교여행을 떠나라: 선교만큼 안일한 삶에 자극을 주는 것도 없다.

7) 휴가를 함께 가라: 파티, 식사, 스포츠, 차박, 캠핑 등을 지체들과 해보라.

8) SNS를 적극적으로 활용하라: 카톡방이나 소셜미디어를 적극적으로 이용해서, 소그룹 소식을 알리고, 더 깊은 관계를 맺는 데 활용하라.

9) 가르치려고 하기보다 대화를 유도하라: 격려하고 감사를 표현하면, 지체를 수동적인 청취자에서 적극적 참여자로 변화시킬 수 있다.

10) 생명력 있는 공동체를 추구하며 아이디어를 실천해보라.

【소그룹을 위한 나눔】

◈ 엽서로 격려하기

문구점이나 서점에서 예쁜 엽서를 구입하라. 그 엽서에 소그룹 지체를 격려하고 위로하는 메시지를 적어, 모임 시간에 나누어주라. 예쁜 엽서를 받아서 기쁘기도 할 테지만, 그 속에 적힌 격려의 글 덕분에 더욱 기뻐할 것이다.

◈ 5가지 사랑의 언어 테스트하기

1. 『5가지 사랑의 언어』의 부록 231-249페이지에 나오는 테스트지로 자신의 제1 사랑의 언어가 무엇인지 알아보라. 자기 자신에 대해 더 잘 이해하게 될 것이다.
2. 자신의 사랑의 언어를 확인했다면, 이제 그 결과를 다른 사람들과 나누고, 다른 사람의 사랑의 언어는 무엇인지 알아보라. 그러면 서로 더 잘 사랑할 수 있게 될 것이다.
3. 상대방이 원하는 사랑의 언어로 표현하기를 힘쓸 때 관계가 돈독해진다.

【리더를 위한 점검 질문】 **세 번째 물맷돌, 교제**

점검 질문	점수
1. 소그룹에 참여한 지체들이 다른 사람의 삶에 관심이 있는가?	10
2. 소그룹 안에서 지체들이 자기 삶의 문제를 드러내고 있는가?	10
3. 소그룹 모임 외에도 지체들이 개인으로, 혹은 가족끼리 만나 식사하거나 교제하는가?	10
4. 지체들이 서로 도고(중보기도)를 하고 있는가?	10
5. 지체들이 서로 삶의 필요를 채워주며 격려하는가?	10
6. 지체들이 주일예배나 수요예배 시간에 자주 한자리에 앉아 함께 예배드리는가?	10
7. 지체들이 자주 전화나 이메일, 혹은 카톡으로 서로 격려의 메시지를 보내는가?	10
8. 소그룹은 일주일에 한 번씩 매주 정해진 시간에 정기적으로 모이는가?	10
9. 적어도 한 달에 한 번 이상 지체들과 창의적인 방법을 동원해 즐겁고 의미 있는 활동을 하는가?	10
10. 지체 가운데 힘든 일을 겪고 있는 사람이 있다면 모든 사람이 힘을 모아 그를 도와주는가?	10
총점	100

5부 | 네 번째 물맷돌, 전도

건강한 소그룹은
선교 공동체다

【아이스 브레이크】

교회에서만 사용하는 기독교 용어에는 어떤 것이 있는지 브레인스토밍을 해보라. 구원, 교제, 구속, 은혜와 같은 종교적인 용어를 각자 종이에 적어보라. 그리고 소그룹에서 스피드 퀴즈를 하듯이 종교적인 단어를 종교적이지 않은 말로 설명해서 맞히는 게임을 해보라. 가장 많이 맞힌 사람에게 상을 주고 격려하라. 이러한 게임을 통해 교회에 다니지 않는 사람들에게 그들이 이해할 수 있는 말로 기독교 진리를 설명하는 법을 배우게 될 것이다.

예)
- **아멘**: '그러하다, 긍정적이다, 확실하다' 등을 뜻하는 말로, 교회에서는 기도가 끝나거나 성경 낭독이 끝날 때 주로 사용한다. 또 출석을 확인할 때, '예'라는 말 대신에 사용하거나 설교할 때 '공감합니다'라고 맞장구치는 말로 사용하기도 한다.
- **구원**: 일반적으로 어떤 위험한 상황에서 구출되거나 속박에서 해방된다는 뜻이 있다. 교회에서는 하나님의 자녀가 되어 죄에서 자유로워지는 것을 의미한다. 예수님이 구속해주심으로 받는 영원한 복이자, 예수님을 믿는 목적이라고도 할 수 있다.
- **구속**: 예수님이 이루신 일을 설명하는 말로, 죄 때문에 마귀에게 노예로 팔려 간 우리를 예수님이 당신의 죽음으로 값을 치르고 사신 것을 의미한다. 범죄 용의자를 잡아 가둔다는 의미의 '구속'으로 오해해서는 안 된다. 비슷한 말로 '대속'(남의 죄를 대신하여 받는 것), '속량'(몸값을 받고 종의 신분에서 자유인이 되게 하는 것)이란 단어도 있다. 구속은 우리가 죄의 종에서 하나님의 자녀가 되었다는 의미다.
- **은혜**: 교회에서 사랑만큼이나 많이 듣는 단어다. 하나님이 고통받는 자에게 베푸시는 과분한 호의, 값없이 거저 베푸시는 친절을 의미한다.

16장
새로운 생명이 지속해서 탄생하는 소그룹

전도는 초대교회 소그룹이 기쁨으로 감당했던 중요한 활동이다. "주께서 구원받는 사람을 날마다 더하게 하시니라"(행 2:47)는 말씀은 초대교회의 소그룹이 전도에 힘썼음을 보여준다. 때로 개인이 혼자 감당하기 어려운 전도의 사명을, 소그룹에서 함께 감당할 기회가 생기기도 한다. 소그룹 지체들이 전도 대상자를 놓고 함께 기도할 수도 있고, 직접 만나서 그리스도의 사랑을 전할 때 든든한 동지가 되기도 한다. 이처럼 개인으로도 전도할 수 있지만, 소그룹에서 함께 전도하면 더 수월하게 복음을 전할 수 있다.

전도는 해도 되고 안 해도 되는 제안이 아니다. 이것은 지상명령이다. 이 명령은 특별히 부름받은 목사나 선교사에게만 주어진 것이 아니다. 하늘과 땅의 모든 권세가 있으신 예수 그리스도를 주님으로 고백하고 따르는 모든 믿는 자에게 주어진 왕의 명령이다. 그런 의미에서 전도는 어명이다. 동시에 전도는 예수 그리스도를 알지 못하는 사람들에게 그분에 대한 복되고 기쁜 소식을 전하는 것이다. 나일스(D. T. Niles)는 전도를 "한 거지가 다른 거지에게 빵을 얻어먹을 수 있는 장소를 알려주는 것"이라고 설명했으나, 실제로는 빵 정도를 주는 것이 아니다. 전도는 영원한 생명을 결정짓는 중요한 사역이다. 그리고 그런 의미에서 전도는 우리에게 주어진 특권이다.

어떤 사람은 전도를 특별한 은사가 있는 사람이나 하는 것이지, 자신 같은 평범한 사람이 할 일이 아니라고 생각한다. 하지만 전도는 은사가 아니라 사명이다(고전 12:4-11). 모든 성도는 전도자로 부름받았다. 또 전도는 예수 그리스도를 주님으로 고백하고, 하나님을 아버지라고 부르는 사람이라면 누구나 지켜야 할 주님의 명령이다. 그것도 주님이 가장 중요하게 우리에게 부여하신 임무요, 사명이다. 그러므로 자기에게 어떤 은사가 있든지, 그것을 복음 전도를 위해 사용해야 한다. 전도는 성령을 받은 사람의 본질적인 소명이다(행 4:20).

예수님이 이 땅에서 하신 사역은 가르치고(teaching), 전파하며(evangelizing), 치유하시는(healing) 일이었다(마 9:35). 같은 맥락에서 교회나 소그룹도 가르치고 전파하며 치유하는 사역을 감당해야 한다. 하지만 대부분 소그룹에서 이 세 가지 사역을 균형 있게 감당하지 못하고, 교회에 등록한 성도를 관리하는 데 급급하거나 교제에 지나치게 치중한다. 왜 그럴까? 대부분 사람이 전도를 힘들어하기 때문이다. 믿는 사람들은 전도하라는 말을 두려워하고, 믿지 않는 사람들은 전도를 당할까 봐 두려워한다.

우리가 살아가는 포스트모던 시대에는, 많은 사람이 예수 그리스도가 아닌 다른 것으로 구원받을 수 있다고 생각한다. 그래서 다른 종교를 인정하고 공생의 길을 모색하는 것을 관용의 미덕으로 여긴다. 우리는 객관적 진리는 없다고 믿는, 즉 자신이 믿는 진리가 다른 사람에게는 진리가 아닐 수도 있다고 믿는 세상에 산다. 그래서 어떤 사람은 우리가 복음을 나누려고 하면, 공개적으로 적대감을 드러내며 우리가 전하는 메시지를 거부한다. 또 세상은 교회를 '배타적이며 관용이 없는 집단'이라고 몰아붙인다. 이런 시대에 교회는 어떻게 복음을 전해야 할지 갈피를 잡지 못하고 있다. 예전에는 성공적이었던 전도법도 효력을 잃었다. 그만큼 우리 시대에 전도는 어렵고 피곤한 일이 되었다. 성도들에게 앞에서 말한 세 가지 사역 중 하나를 선택하여 섬기라고 하면 다들 전도는 피한다. 다른 사역은 얼마든지 하겠지만, 전도만큼은 부담스럽다는 것이다.

그러므로 이 세 가지 사역에 일률적으로 시간을 배분한다고 해서 교회가 세 가지 사역의 균형을 찾고 건강해지는 것이 아니다. 소그룹에는 자체적으로 강한 응집력이 있기에, 소그룹을 그냥 내버려 두면, 영혼 구원에 대한 비전은 시들고 지체들만 모여 즐기려는 배타적인 집단이 될 가능성이 크다. 이러한 타성에 젖지 않기 위해서는 수시로 전도에 대한 비전을 상기시키고, 전도를 실천할 수 있는 구체적인 방법을 나누어야 한다.

'빈 의자' 전략

소그룹 안에 전도의 굳은 의지를 심는 방편으로 칼 조지(Carl George)는 『다가오는 교회혁명 이렇게 대비하라』(*Prepare Your Church for the Future*, 요단출판사 역간)에서 '빈 의자' 개념을 소개한다. 소그룹이 모일 때마다 항상 의자 하나는 비워놓고, 모일 때마다 이 빈 의자를 채울 수 있는 비전을 재확인하며, 빈 의자를 채우기 위한 전도 전략을 세우라는 것이다. 소그룹의 핵심은 관계다. 이 관계망을 활용해서 전도하는 것이 바로 '빈 의자' 전략이다. 소그룹이 함께 모여 전도 대상자를 두고 기도한다. 또 관계를 통해 그들에게 복음을 잘 전달할 수 있도록 함께 방법을 나눈다. 전도 대상자를 초청하여 그에게 딱 맞는 방식으로 복음을 제시할 모임도 기획해본다. 이처럼 소그룹에서는 한 영혼을 소중히 여기고, 그의 필요를 채우는 사랑의 손길을 뻗어 그가 복음의 능력을 감동적으로 경험할 수 있도록 도와야 한다.

예수님을 처음 소개받고 교회에 나오라는 초청을 받은 사람은 주일예배에 참석하는 것이 부담스러울 수 있다. 그러나 평일에 옆집에서 열리는 소그룹 모임은 마실 가는 것처럼 부담 없이 참석할 수 있다. 사실 믿지 않던 사람이 처음부터 복음의 내용을 이해하고 결단한 뒤 교회에 출석하는 경우는 많지 않다. 오히려 처음에는 교회를 따분한 곳이라고 생각하다가 친구나 주변의 권유로 기독교적인 분위기를 접하고서, 교회도 괜찮은 곳이라고 생각하게 된다. 이런 수순으로 예수님께 관심을 가지는 게 일반적이다. 그러므로 기독교에 편견이 있는 사람이라도 기독교적인 분위기를 자연스럽게 경험할 수 있도록, 관계와 소그룹 모임을 적극적으로 활용할 필요가 있다.

그런데 전통적인 형식의 구역예배를 드리거나 성경공부를 주로 하는 소그룹은 믿지 않던 사람을 수용하기가 어렵다. 믿지 않던 사람은 딱딱한 예배 분위기나, 성경을 펼쳐놓고 고시 공부하듯 진지한 질문을 던지고 대답하는 분위기에 선뜻 적응하기가 어렵기 때문이다. 반면에 영혼 구원에 초점을 맞춘 소그룹에서는 성경공부보다는 사랑으로 관계를 맺는 데 신경을 쓴다. 그렇게 소그룹 모임을 방문한 비신자들의 마음 문을 열려고 애쓴다. 이런 환경에서 비신자는 더 쉽게 소그룹에 정착할 수 있다. 지금 하는 소그룹 모임이 너무 형식적인 예배나 무거운 성경공부에 치중되지 않았는지 점검해보라. 또 비신자나 초신자가 편안함을 느끼며 쉽게 적응할 수 있는 소그룹 환경인지도 점검해보라.

전도는 과정이다

소그룹이 추구하는 전도의 개념은 '관계 전도'와 '과정 전도'라는 두 가지 개념으로 설명할 수 있다. 먼저 '과정 전도'의 개념을 살펴보자. 전도는 한 번에 이루어지는 사건이기보다 일련의 과정에 가깝다. 단 한 번의 복음 증거로 신앙이 생기는 일은 거의 없다. 대개 회심은 오랫동안 여러 번 제시된 복음을 듣고, 주변에 있는 그리스도인들의 삶을 지켜보며 복음을 몸소 경험한 결과로 일어난다.

복음 전도에서 영적 결단의 단계인 '엥겔 척도'(Engel Scale)를 제시한 제임스 엥겔(James Engel)은 전도가 과정이라는 점을 매우 설득력 있게 설명한다.[2] 가계의 소비 지출 중 주거비가 차지하는 비중을 뜻하는 엥겔 지수와 말은 비슷하지만 전혀 다른 개념이다. '엥겔 척도'란 제자가 되기 위한 과정을 8단계와 회심 후 3단계로 나누어, 전도의 개념을 과정으로 소개한 것이다. 그는 성공적인 전도는 전도 대상자가 엥겔 척도의 어디에 있는지 진단하고, 그가 다음 단계로 나아가도록 돕는 것에 달렸다고 보았다. 엥겔 척도를 도표로 정리하면 다음과 같다.

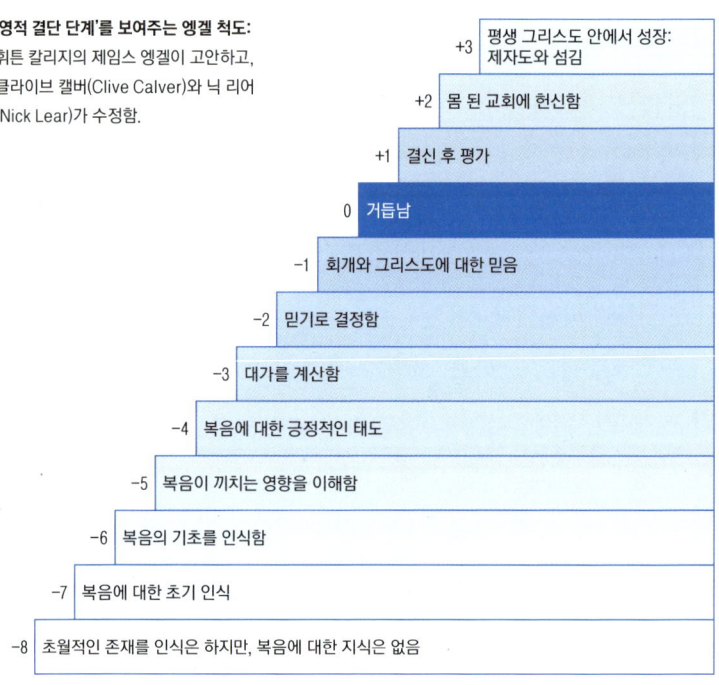

핵심은 이것이다. 전도는 이벤트가 아니라 과정이다. 전도를 회심이라는 이벤트의 관점에서만 이해하면, 대부분의 전도는 실패했다고 봐야 한다. 그러나 엥겔은 전도를 특정 시점에 회심하는 것으로만 보지 않고, 하나님과 만나기 위해 밟아야 할 여정으로 설명한다. 그런 관점에서 보면, 복음에 적대적인 사람(-8)이 복음에 긍정적인 태도를 보이게 되는 것(-4)도 전도다. 아직 회심(0)까지는 오지 못했지만, 회심의 자리까지 마지막 발걸음을 내딛게 해 주는 과정으로서 의미 있는 성공을 거두었다고 할 수 있다.

사실 단 한 번만 복음을 듣고 회심하는 경우는 매우 드물다. 열 번, 스무 번, 의미 있는 접촉이 있을 때 적대감이 누그러지고, 복음에 호기심이 생기기 때문이다. 그리고 복음을 호의적으로 받아들이게 된 사람은 마침내 그리스도와 진정으로 만날 수 있게 된다. 또 전도는 회심으로 끝나는 것도 아니다. 회심은 제자도와 섬김으로, 즉 그리스도 안에서 계속 성장하는 삶으로 이어져야 한다.

'로잔 선언문'도 전도가 '관계 속에서 이루어지는 과정'이라고 설명한다. 1974년 스위스 로잔에서 전 세계 복음주의자가 모여 성명서를 채택하고 발표했다. 이것이 '로잔 선언문'이다. 이 선언문에는 복음 전도의 정의에 관해 중요한 세 가지 요소를 소개한다. '현존의 전도'(Presence), '선포의 전도'(Proclamation), '설득의 전도'(Persuasion)가 그것이다. 전문 용어로 '현존의 전도'를 P-1, '선포의 전도'를 P-2, '설득의 전도'를 P-3이라고 말하기도 한다. 이는 '현존', '선포', '설득' 모두 'P'로 시작하는 영어 단어이기에 붙여진 명칭이다.

먼저 '현존의 전도'(P-1)란 구원받은 그리스도인이 구원의 영향력을 주변 세상에 드러내며 살아갈 때 그 자체가 사람들에게 도전을 주는 것으로, 전도의 첫 단계라고 할 수 있다. 구원받은 그리스도인은 우리 가운데 임재하시는 성령님이 주시는 힘과 능력으로 소망과 기쁨 가운데 살아간다. 비신자는 이렇게 살아가는 우리를 보고 매력적으로 느끼고 호기심을 갖는다. 이러한 그리스도인들이 존재하기 때문에 세상 사람들과 관계를 맺고 복음을 전할 기회를 얻는다. 그러나 아무리 세상 사람들에게 호감을 주고 좋은 관계를 형성했다고 해도, 이것만으로는 세상을 구원할 수 없다. 반드시 복음을 선포하는 다음 단계로 넘어가야 한다.

다음 단계는 '선포의 전도'(P-2)다. 아무리 우리 삶이 매력적이고, 세상 사람들과 좋은 관계를 맺었다고 해도 실제로 복음을 선포하지 않으면 구원의 역사는 일어날 수 없다. 오직 주 예수 그리스도의 십자가 죽음과 부활을 자신의 것으로 받아들일 때만 구원이 일어난다. 그런 측면에서 선포의 전도는 복음 전도의 심장과 같다.

'로잔 선언문'은 여기서 한 단계 더 나아가, '설득의 전도'(P-3)가 필요하다고 말한다. 복음 전도는 선포로 끝나지 않는다. 복음을 선포했다면 반드시 복음을 받아들일 수 있도록 설득해야 한다. 복음 전도는 전도 대상자가 복음을 듣고 스스로 결단하여 복음을 받아들이고 회심할 때, 온전히 이루어졌다고 말할 수 있기 때문이다. 또 전도자는 예수님을 구세주로 모신 사람이 속할 수 있는 교회 공동체를 소개해야 한다. 교회 공동체 안에서 예수 그리스도의 제자로 성숙해지기 때문이다.

전도를 과정으로 이해하는 데 도움을 주는 책이 있다. 레베카 피펏(Rebecca Pippert)은 『빛으로 소금으로』(*Out of the Saltshaker & Into the World*, IVP 역간)라는 책에서 두 가지 전도 방법을 설명한다. 그것은 빛으로 하는 전도와 소금으로 하는 전도다. 이 개념에 따르면, 기독교에 회의적이거나 무관심하거나 맹렬히 반대하는 등

부정적인 반응을 보일 때는 소금(생활)으로 전도하는 것이 효과적이다. 그런데 기독교에 중립적인 태도를 보이는 사람에게는, 즉 전도 대상자가 진리를 찾아 나서는 구도자의 모습이 보인다거나 기독교를 수용하는 긍정적인 태도를 보인다면 빛(말)으로 복음을 드러내는 편이 좋다. 소그룹에서 전도할 때도 말로 분명히 복음을 전하는 것과 긍휼 어린 섬김으로 복음을 드러내는 두 가지 방법을 모두 활용해야 한다. 성령님을 의지하며 빛과 소금으로 전도의 사명을 감당해나갈 때 전도는 효과적으로 열매를 맺을 것이다.

전도를 '과정'이라는 관점에서 볼 때, 혼자서 전도하기보다는 공동체가 함께 복음을 전하는 것이 중요하다. 공동체는 복음의 삶을 명확하게 보여줄 수 있기 때문이다. 믿지 않는 사람에게 공동체에 속한 다양한 사람이 다가가, 함께 주일 설교도 듣고, 음식을 나누며, 함께 웃고 즐거워하고, 어려움을 나누며 경조사를 챙겨준다면, 이와 같은 사랑의 섬김과 가르침을 받은 사람은 크게 감동할 것이다. 그러면 이 사람의 영혼이 구원받을 가능성도 커진다. 소그룹은 믿음의 삶을 유기적으로 보여주기에 매우 효과적이다. 조나단 도슨(Jonathan K. Dodson)의 책 『왜? 복음은 믿을 수 없는 이야기가 되었나』(The Unbelievable Godspel, CUP 역간)에 나온 짧은 문장은 사실이다. "미미한 목소리 하나보다 웅장한 복음의 코러스가 더 강력하게 영혼을 사로잡는다."

소그룹은 어떤 이벤트가 있을 때만 반짝 전도에 열을 내서는 안 된다. 일 년 내내 비신자들을 교회 공동체 안으로 끌어들이는 전도의 구심점이 돼야 한다. 소그룹은 단순히 믿는 사람들이 모여 교제하는 모임이 아니며, 성경공부만 하는 모임도 아니다. 소그룹은 언제나 비신자들에게 열려 있어야 한다. 비신자가 소그룹 모임에 왔을 때, 얼마나 그들을 포용하면서 친화력 있게 받아들이는지 점검해야 한다. 일 년에 한두 번은 의도적으로 믿지 않는 이웃을 초청하는 '열린 소그룹'을 운영하는 것도 좋다. 평소에 전도 대상자로 삼아 기도하던 사람이나, 지난번 전도 집회 때 회심했지만 아직 신앙생활을 시작하지 못한 사람, 혹은 이런저런 이유로 신앙생활을 중단한 사람들을 초대한다. 그리고 그들에게 꼭 필요한 복음을 전한다. 그들을 초청한 친구가 예수님을 믿고 행복한 삶을 사는 자기 이야기를 간증해도 좋다. 이렇게 전도 대상자를 진심으로 축복하는 열린 소그룹 모임을 열어보라.

【소그룹을 위한 나눔】

◆ **엽서로 격려하기**

소그룹에서 함께 전도하기 위해 어떤 일을 할 수 있는지 찾아서 적어보고, 소그룹에서 실천할 수 있는 아이디어를 3가지만 선정해보라.

- 모일 때마다 전도 대상자를 위해 기도하기(빈 의자 개념)
- 좋은 이웃이 되기 위한 창의적 아이디어 발표하기
- 아파트 입구에 화분 갖다 놓기
- 아파트 정원 가꾸기
- 쓰레기 분리수거 돕기
- 새로 이사 온 집에 찾아가서 도울 일이 없는지 알아보기
- 좋은 이웃이 되기 위한 말씀 나누기
- 이웃집을 초대해 같이 식사하고 교제 나누기
- 전도 집회에 초청하기
- 기타
  _____

17장

전도의 세 가지 요소

빌 하이벨스(Bill Hybels)와 마크 미텔버그(Mark Mittelberg)는 『예수를 전염시키는 사람들』(*Becoming a Contagious Christian*, 두란노 역간)에서 영적으로 길을 잃은 사람들을 구제하기 위한 공식을 제시했다. 하나님의 전략이 담긴 이 공식에는 전도의 중요한 세 가지 요소가 담겨 있다. 전도를 통해 강력한 영향력을 끼치기를 원한다면 다음의 세 가지 요소를 고려해야 한다.

HP + CP + CC = MI

여기서 MI(Maximum Impact)는 '최대의 효과'를 뜻한다. 주변 사람들에게 가능한 한 막대한 영적 영향력을 끼치는 것이다. HP는 '최고의 잠재력'(High Potency)을 의미한다. 전도가 최대의 효과를 내려면, 다른 사람들에게 큰 영향력을 끼칠 수 있도록 성도들을 훈련해야 한다. 소그룹 지체 하나하나가 전도자로 부름을 받았다는 분명한 정체성을 확립하고, 그에 대한 사명의식이 고취되었을 때 최고의 잠재력을 확보했다고 말할 수 있다. CP는 '근접 접근'(Close Proximity)을 뜻한다. 다시 말해 친밀한 관계를 맺는 것을 가리킨다. 전도에서 가장 큰 효과를 내려면 전도 대상자와 관계를 쌓으며 친밀감을 높여야 한다. 비신자 이웃과 좋은 관계가 형성되었을 때 복음을 전할 준비가 된 것이다. 마지막으로 CC는 '명확한 커뮤니케이션'(Clear Communication)을 의미한다. 우리가 믿는 복음을 제대로 전하는 것은 아무리 강조해도 지나치지 않다. 문제는 많은 그리스도인이 복음을 명확하게 전할 능력이 없다는 것이다. 성도들이 훈련을 받아 분명한 정체성과 소명을 따라 살게 하고, 전도 대상자들과 좋은 관계를 형성하며, 그들을 향해 자신이 믿는 복음의 도리를 명확하게 전할 때 복음은 가장 큰 영향력(Maximum Impact)을 발휘할 수 있다. 효과적인 전도를 위해 이 세 가지 요소가 잘 갖추어졌는지 점검해보아야 한다.

첫째, 우리 소그룹 지체들은 최고의 잠재력을 개발했는가? 잠재력을 개발하기 위해서는 성도 개개인이 자아상을 분명히 정립하고, 모든 성도가 하나님께 부름받은 사역자라는 의식을 갖도록 양육하고 훈련해야 한다. 리더는 지체들의 잠재력을 개발할 책임이 있다. 소그룹의 모든 만남과 활동을 통해 리더는 지체들에게 다음과 같은 사명의식을 심어주어야 한다. "모든 성도는 전도자로 부르심을 받았다. 전도는 은사가 있는 사람만 하는 것이 아니다. 전도는 예수 그리스도를 주님으로 고백하고 하나님을 아버지라고 부르는 사람이라면 누구나 감당해야 할 주님의 명령이요 사명이다. 그러므로 각자 어떤 은사를 받았든 상관없이 모든 은사는 복음 전도를 위해 사용해야 한다." 이러한 사명의식에 사로잡혀 자신의 일생을 주님께 드릴 수 있도록 지체들을 깨우쳐야 한다.

둘째, 우리 소그룹 지체들은 전도 대상자와 얼마나 친밀한 관계를 형성했는가? 이것은 '관계 전도'의 관점에서 던지는 질문이다. 관계 전도란 주변 사람, 가까운 사람, 일상생활에서 자주 만나는 사람들에게 환대의 마음으로 친절과 사랑을 베풀며 전도하는 것이다. 그리스도의 사랑에 끌리게 하는 전도라고 할 수 있다. 그러므로 복음을 나누기 전에 관계를 세워야 한다. 관계를 세운다는 것은 정을 쌓는 것이다. 자신의 생활 반경에서 전도 대상자를 찾았다면 그 사람과 일상에서 만나 정을 쌓고 관계를 세워가라. 이를테면 동네 식당 주인과 관계를 맺고 단골이 되는 것도 좋은 방법이다. 처음에 일주일간 집중해서 그곳을 방문하다 보면 금방 얼굴을 알아보고 통성명을 할 정도로 친숙해질 것이다.

선행을 베푸는 것이 정을 쌓는 가장 좋은 방법이다. 선한 행동을 보여주면 상대가 마음의 문을 연다. 이웃을 위해 손해를 보라. 귀한 것이 있으면 나누어주라. 그들에게 필요한 것이 보이면 채워주라. 비신자라고 해도 그들 앞에 놓인 어려움에 관심을 갖고 복을 빌어주면 대부분 좋아한다. 지금 당장 복음을 제시하고 결단을 요구하기보다 그에게 좋은 이미지를 남기라. 그리고 적절한 시기에 예수님을 소개하라. 교회의 전도 집회나 새 생명 축제같이 복음을 들을 수 있는 자리에 초청하라. 선행만으로는 전도의 결실을 맺을 수 없고, 복음을 전하지 않고는 전도를 마칠 수 없다. 전도 대상자가 당신에게 선행을 베푸는 이유를 물어볼 때 예수님을 소개하라.

좋은 관계는 은행 계좌에 입출금하는 것에 비유할 수 있다.

감정이라는 계좌에 꾸준히 신뢰를 예입해서 감정 계좌에 신뢰도가 많이 쌓일수록 관계가 좋다. 좋은 이웃 관계를 형성하려면 전도 대상자의 형편과 삶의 양식에 맞추어 적절하게 접근해야 한다. 먼저, 주변에서 전도 대상자(구원을 받게 하기 위해 전도자가 마음으로 잉태한 잠재적 신자, 태신자, VIP라고 부르기도 한다)를 찾으라. 가장 가까운 가족, 친척, 친구나 직장 동료, 이웃 중에서 아직 예수님을 믿지 않는 사람을 찾는 것이다. 전도 대상자를 결정했다면 그들의 필요나 삶에서 만족하지 못하는 부분, 인생의 중대한 변화나 문제가 무엇인지 파악하라. 그리고 그것을 중심으로 그들에게 다가가 그들에게 필요한 것을 채워주는 방식으로 사랑을 베풀면서 점차 좋은 관계를 형성해나가야 한다. 옆집에 이사 온 가정은 사랑의 손길을 펼쳐 좋은 이웃이 될 가장 확실한 전도 대상자일 것이다. 가족과 친지, 직장 동료는 인내심을 갖고 모범을 보이며 전도해야 할 대상이다. 저마다 다른 삶의 정황 속에 놓인 다양한 사람들에게 복음을 전하기 위해서는 창의적이고 다양한 방식으로 접근해야 한다.

    마지막으로, 소그룹 지체들이 복음을 명확하게 전할 준비가 되었는지 살펴보아야 한다. 복음을 확실하게 제시하기 위해서는 모든 지체가 복음의 내용을 명확히 정리해두어야 한다. 문제는 우리가 믿는 복음의 도리를 설명하는 일에 익숙하지 않다는 것이다. 지체들은 복음의 내용을 분명하게 이해하고 비신자들에게 복음을 자신 있게 나눌 준비가 되어 있어야 한다. 전도 폭발에서 가르치는 복음 제시 내용이나 네비게이토 선교회, 한국 대학생 선교회(CCC)와 같은 사역 단체에서 제공하는 전도지는 그림이나 도표로 복음의 핵심을 잘 전달한다. 어떤 도구를 사용하든 상관없다. 전도 대상자의 형편과 삶의 문제, 배움의 스타일에 따라 적합한 도구를 사용하여 그들의 언어로 복음을 드러내는 것이 중요하다.

레베카 피펏이 『빛으로 소금으로』에서 표현한 대로 빛과 소금으로 전도해야 한다. 행동으로 복음을 전하는 '소금 전도'가 좋은 이웃 관계를 맺는 것이라면, '빛 전도'는 이해할 수 있는 말로 복음을 명확하게 선포하는 것이라고 할 수 있다. 이 두 가지 유형의 전도는 비행기에 달린 양 날개와 같다. 비행기는 한쪽 날개만으로 날 수 없다. 이웃을 향한 사랑을 행동으로 표현하지 않고서 온전히 전도할 수 없다. 또한 복음의 내용을 풀어서 설명하는 선포 없이 선한 행동만 하는 것도 온전한 전도가 아니다. 최대의 효과를 내는 복음 전도를 하기 위해서는 앞에서 제시한 복음 전도의 세 가지 요소, 즉 성도들의 잠재력을 극대화하고(HP), 좋은 이웃 관계를 맺으며(CP), 분명하게 복음을 드러내는 사역(CC)이 균형 있게 이루어져야 한다.

또한 전도자의 은사와 성향에 맞추어 자신만의 전도 전략도 개발해야 한다. 성경은 다양한 형태의 전도법을 제시한다. 베드로와 같이 구수한 말솜씨로 사람들 앞에 서서 당당하게 복음을 전하는 정면 돌파형이 있는가 하면, 바울처럼 조직화한 논리로 상대방을 설득하는 유형도 있다. 삶에서 경험한 것을 간증하면서 복음을 나눌 수도 있고, 마태와 같이 자신의 직장 동료를 모두 초대해 파티를 열고 자신이 그리스도인임을 증언하는 관계 중심형 전도법도 있다. 또 선행과 구제를 통해 그리스도의 사랑을 전하는 방법도 있다. 시간이 오래 걸리기는 하지만 선행과 구제를 실천하면서 비신자들의 마음을 여는 것도 중요한 전도 방법이다. 사실 사람들은 우리 입으로 전달되는 복음에는 관심이 없다. 그들은 우리의 사랑을 갈망한다. 그들의 필요에 예민하게 반응하며 그들을 돌봐줄 사랑에 목마른 것이다. 그 사랑을 확인하기 전까지 그들은 우리가 전하고 싶어 하는 메시지를 외면한다.

오늘날의 교회는 성장만을 추구한다. 이웃을 자신과 같이 사랑하라는 마태복음 22장의 대계명은 애써 외면하고, 제자를 삼으라는 마태복음 28장의 명령만을 강조한다. 이웃을 향한 배려와 사랑을 보이지 않고, 제국주의적인 태도로 비신자들을 정복하려고 한다. 하지만 우리가 복음을 전할 사람들은 고구마처럼 찔러보고 정복해야 할 대상이 아니라 사랑해야 할 이웃이다. 복음 전도를 대하는 우리의 자세가 문제인 것은 아닌지 살펴보고 깊이 반성해야 한다.

소그룹은 전도 공동체다. 귀한 손님을 맞을 때 온 가족이 함께 맞이하듯, 한 영혼을 구원하기 위해 잔치를 여는 것은 한 가족인 소그룹의 사명이다.

【소그룹을 위한 나눔】

◆ 앞에서 말한 공식(HP+CP+CC=MI)을 적용하여 자신의 소그룹을 평가해보라. 세 가지 요소에 점수를 매겨보라. 각각 100점 만점에 몇 점을 줄 수 있는가? 우리 소그룹의 가장 취약한 부분은 어디인가? 소그룹 전도가 효과적인 열매를 맺도록 보완할 점을 고민해보라.

HP(최고의 잠재력:　　　　　점)
　　　　＋
CP(친밀한 관계:　　　　　　점)
　　　　＋
CC(명확한 복음 제시:　　　　점)
　　　　＝
MI(최대의 효과 합계:　　　　점)

보완할 점

_____

_____

_____

_____

_____

18장

열린 소그룹

　　교회가 하나님의 성품과 열정을 반영해야 한다는 사실에 반대할 사람은 없을 것이다. 하나님의 마음이 있는 곳에 우리의 마음이 있어야 하고, 하나님이 바라보시는 영혼에게 우리의 두 눈이 향해야 한다. 하나님은 누구나 들어오도록 대문을 활짝 열어놓고 기다리시는 분이다. 소그룹 사역도 하나님의 마음을 그대로 반영해야 한다. 하지만 소그룹의 특성상 서로는 깊이 사랑하지만, 외부를 향해서는 문을 닫아걸고 '그들만의 리그'로 전락할 위험이 있다.

　　『소그룹 사역을 망치는 7가지 실수』(*The Seven Deadly Sins of Small Group Ministry*, 국제제자훈련원 역간)는 열린 소그룹과 닫힌 소그룹을 비교하여 소개한다. 이 책에 나오는 항목들은 자신의 소그룹이 어느 유형에 속하는지 점검해볼 수 있는 귀한 기준이다. 그중 몇 가지만 나누어보기로 하자.

　　1) 구도자를 받아들이고 환영하는가? "아니, 누가 이런 이방

인을 우리 소그룹에 보낸 거야? 이 사람은 우리와 너무 달라. 이런 사람은 분명히 우리 소그룹을 어지럽힐 거야." 만약 지체 중 누군가가 이런 반응을 보인다면 그 소그룹에 참여했던 사람은 바로 어색한 분위기를 감지하고 다시는 돌아오지 않을 것이다.

2) 구도자에게 애정을 품고 있는가? 닫힌 소그룹은 기존 지체들의 필요에만 집중한다. 비신자들이나 구도자를 배려하거나 존중하는 마음이 없다.

3) 구도자들의 질문에 열린 마음으로 반응하는가? 닫힌 소그룹은 구도자들이 질문을 던지고, 의문점을 표현하며, 고민을 토로하는 것을 불편해한다. 구도자들은 압력을 받지 않고 자유롭게 생각을 표출할 수 있는 자리를 원한다.

4) 비신자나 구도자가 이해할 수 있는 일반적인 용어를 사용하는가? 닫힌 소그룹은 특정 교단의 그리스도인들이 좋아하는 전문적인 용어를 즐겨 쓴다. "에벤에셀의 하나님을 경험하십시오." "광야에서 엘림의 축복을 누리기를 바랍니다." 이런 표현은 교회에 처음 나온 사람이 전혀 알아들을 수 없는 기독교 은어나 마찬가지다. 시장에서도 이해할 수 있는 쉬운 용어로 설명해야 구도자나 비신자가 알아들을 수 있다.

5) 참여하는 사람들이 성경을 쉽게 이해하도록 도와주는가? 성경은 모든 그리스도인의 삶의 기반이며 안내서다. 그러므로 구도자가 찾아왔다고 해서 성경을 펼치는 것을 주저해서는 안 된다. 다른 한편으로, 소그룹 모임을 진행할 때

교회에 다닌 지 얼마 안 된 사람들이 당연히 하박국이 어디에 있는지 알 것이라고 가정해서도 안 된다. 쉽게 풀어서 설명하고 리더의 인도를 잘 따라오도록 시간을 넉넉히 주어야 한다.

우리는 마태가 베풀었던 잔치에서 열린 소그룹의 가장 좋은 예시를 볼 수 있다. 마태는 예수님이 자신과 같은 죄인을 영접해 주셔서 너무 감사했다. 그래서 예수님을 집으로 초청했다. 당시에는 존경하는 랍비를 집으로 초청해서 음식을 대접하고 말씀을 듣는 관습이 있었다. 마태는 자신의 랍비이신 예수님께 충성한다는 표시로 큰 잔치를 베풀고 주변 사람들을 대거 초청했다. 어쩌면 이 잔치는 옛 삶과 작별하고 새로운 삶을 시작하는 것을 보여주는 일종의 의식이었을 수도 있다. 또한 예수님을 따라 사는 제자의 길에 들어섰다는 것을 공개적으로 드러내는 자리였을 수도 있다.

그런데 마태는 예수님만 초청한 것이 아니었다. 율법을 지키지 않는다는 이유로 유대 사회에서 배척당하는 다른 죄인들도 초청했다. 마태가 세리였으니 세리 친구들을 초청한 것은 자연스러운 일이었지만, 그 밖에도 유대 사회에서 그리 환영받지 못하는 사람들도 초청했다. 마태가 예수님과 함께하는 식탁 교제에 많은 세리를 초대한 것은, 자신과 비슷한 처지에 있던 동료들에게 죄인을 받아주신 예수님을 소개하려는 것이었다. 예수님은 그들과 한 자리에서 식사하셨다. 예수님은 그들과 즐겁게 담소도 나누시고, 껄껄 웃기도 하시며, 음식과 포도주 맛에 감탄하면서 즐겁게 식사하셨을 것이다. 어쩌면 그들과 어깨동무를 하면서 잔치를 즐기셨을지도 모른다. 유대 종교 지도자들은 이런 예수님의 모습을 보고 그분이 먹기를 탐한다고 비난했다.

다른 사람들이 주님을 만날 수 있도록 즉시 그들을 초청한 것은 마태가 회심했다는 분명한 증거다. 사람들은 여전히 복음을 들어야 할 필요가 있다. 이 일에는 그 어떤 차별이나 조건이 있을 수 없다. 우리가 다른 사람들에게 복음을 전하지 못하는 이유는 우리에게 전할 대상이 없어서가 아니다. 우리가 복음을 전할 대상을 지나치게 고르고 있기 때문이다. 비신자나 구도자에게 다가갈 때 우리의 모습은 마태와 닮았는가, 아니면 바리새인을 닮았는가? 나와 같이 복음을 들어야 할 누군가를 위해 잔칫상을 차려놓고 초청하는 것이 바로 마태식 복음 전도법이다.

성경에는 기존에 관계를 맺고 있던 사람들에게 복음을 나누는 장면이 자주 나온다. 세례 요한은 자신의 제자 안드레를 예수님께 소개했다(요 1:35-36, 40). 안드레는 자신의 형제 시몬 베드로에게 예수님을 소개했다(요 1:41-42). 빌립은 즉시 친구 나다나엘에게 예수님을 소개했다(요 1:45-46). 사람들을 주님께 인도하는 가장 좋은 방법은 아는 사람들을 전도하는 것이다. 이것이 성경이 말하는 전도법이다.

환대의 정신과 삶

열린 소그룹은 환대한다. 베드로 사도는 그리스도인의 환대 문화를 이렇게 표현한다. "서로 대접하기를 원망 없이 하고"(벧전 4:9). 일방적으로 한 사람만 그렇게 하는 것이 아니라 서로 그렇게 하는 것이다. "원망 없이"라는 말은 불평하거나 투덜대지 말라는 말이다. 기꺼운 마음으로 즐겁게 하라는 것이다. 이렇게 환대하며 사는 것이 하나님께 영광을 돌리는 삶이다. 소그룹 모임을 위해 자기 집 문을 활짝 열어놓고 환대하는 성도가 많다. 그들은 정성을 다해 음식을 준비하고 사랑의 마음을 나눈다. 하나님의 나라를 일구어가는 데 얼마나 큰 역할을 하는지 모른다. 참으로 귀하고 아름다운 태도다. 믿음이 연약한 지체들을 찾아가서 차 한 잔 마시며 격려하고, 위로하며, 말씀을 전하고, 함께 기도해주는 사랑의 환대는 영혼을 살리고 그들 삶에 힘을 준다.

이런 환대의 정신과 삶은 소유의 많고 적음이나, 집의 크기나, 삶의 형편과는 상관없다. 오직 그 사람의 마음의 크기와 사랑의 진정성에 달려 있다. 받은 만큼 주는 '주고받기'(give and take)의 논리가 지배하는 세상에서 서로 환대하고 선물을 주고받는 관계를 맺는 것은 결코 쉽지 않다. 하지만 의도적으로 이런 관계를 만들고 복음을 드러내는 삶을 살아갈 때 진정한 하나님나라가 확장되는 것을 보게 될 것이다.

모르는 사람에게 전도지를 나누어주며 전도하는 일은 귀하다. 하지만 교회 안을 둘러보자. 모르는 사람에게 전도지를 받고 교회에 나온 사람의 비율과 아는 사람의 소개로 교회에 나온 사람의 비율을 파악해보라. 일반적으로 지인의 소개로 교회에 나온 사람이 90퍼센트 정도 될 것이다. 그렇다면 어떤 방법에 힘을 쏟아야 할까? 우리가 알고 지내는 주변 사람들, 관계를 맺고 살아가는 사람들에게 복음을 전하는 일에 집중해야 한다. 이것이 바로 관계 전도다. 우리가 좀 더 관심을 두고 따라야 하는 전도법이 관계 전도다.

소그룹은 모든 전도의 중심축이다. 관계 전도도 혼자서 하면 쉽게 포기하기 마련이다. 하지만 소그룹이 함께하면 지치거나 포기하지 않고 전도할 수 있다. 소그룹 안에서 어떻게 관계 전도를 하고 있는지 함께 점검하고, 전도 대상자들을 위해 마음을 모아 기도하며, 포기하지 않도록 서로 격려해줄 수 있다. 한 학기에 한두 번은 열린 소그룹을 준비하고 전도 대상자를 초청하라.

관계 전도의 실천

비신자를 소그룹에 초청해서 자연스럽게 참여하도록 하는 이벤트를 계획해보라. 주변에 믿지 않는 사람들을 초청해서 식사하거나, 공동의 관심사를 가지고 함께 활동할 수 있는 자리를 마련해보라. 사업가인 한 성도는 자신의 지인 중 사회적으로 유명하고 신실한 그리스도인들을 모아서 골프 모임을 만들었다. 그런데 이 모임에 참석하려면 한 가지 조건을 갖추어야 했다. 모든 참석자가 반드시 믿지 않는 다른 한 사람을 모임에 데려오는 것이다. 초청받은 비신자 친구는 골프를 치러 간 자리에서 예수님을 소개받은 뒤 정기적으로 모이는 소그룹으로 자연스럽게 연결되었다. 운동 외에도 IT 기기, 외국어, 꽃꽂이, 악기 연주, 종이접기, 요리 등과 같은 다양한 방법으로 비신자들과 만날 수 있다. 자녀의 돌이나 생일, 부활절이나 성탄절과 같은 특별한 날에 사람들을 집이나 소그룹에 초청하여 함께 음식을 나누는 등의 이벤트를 여는 것도 좋은 방법이다. 단지 식사만 하고 헤어지는 것이 아니라, 소그룹 참여까지 이어지는 징검다리를 준비하는 것이다.

소그룹에서 전도를 준비할 때 기억해야 할 것이 있다. 전도는 내가 하는 것이 아니라 주님이 하신다는 점이다. 우리는 이 사실을 믿고 성령님의 도우심을 구해야 한다. 나는 단지 하나님의 도구일 뿐이라고 고백해야 한다. 그렇게 할 때 우리는 결과에 연연하지 않고 담대히 복음을 전할 수 있다.

믿음의 눈으로 주위를 돌아보라. 주변에 누가 있는지, 하나님이 나에게 누구를 만나게 하시는지 살피라. 그들 중에서 비신자를 찾아보고 전도할 대상으로 삼으라. 전도할 사람을 찾았다면 소그룹에서 기도 제목으로 내놓고 함께 기도하며 하나님의 도우심을 구하라. 전도 대상자와 더욱 깊은 관계를 맺으라. 만날 기회를 많이 만들어 가능한 한 자주 만나고 그의 이야기를 잘 들어주라. 그의 형편과 사정을 잘 파악해서 그에게 필요한 것을 채워주리. 그리고 공동의 관심사를 찾아서 그것을 함께 하라. 등산, 탁구, 테니스, 자전거와 같은 운동을 같이하자고 초청하거나, 전시회 관람, 사진, 여행 등의 취미 생활을 함께 하면 좋다. 특별히 힘들고 어려운 일이 있을 때 도와주면 관계가 급속도로 좋아진다. 자녀가 아프거나 가정에 문제가 있다고 고민을 털어놓을 때, 그의 가정을 위해 기도하라. 비신자라고 해도 어려운 문제를 놓고 기도해준다면 좋아할 것이다. 만날 때마다 그를 격려하고 칭찬하라. 이렇게 전도를 시도할 때 각 지체는 언제든 복음을 나눌 준비를 하고 있어야 한다. 이것이 가장 중요하다. 성령님의 도우심을 구하면서 복음을 전할 기회를 포착하라. 그리고 자연스럽게 자신이 믿는 예수님을 소개하라. 설명이 조금 미흡하다면 새 생명 축제와 같은 전도 집회로 초청해서 복음의 진수를 듣게 하라.

열린 소그룹은 다음의 순서와 같이 운영할 수 있다. 시간은 한 시간 30분 정도, 모임 장소는 리더나 지체들의 가정이 가장 좋다.

년 월 일(요일) 오전 11:30 혹은 오후 7:30		
찬양	7분	추천곡: "좋으신 하나님", "우리에게 향하신"
식사 기도 및 감사 기도	3분	소그룹 총무가 하면 좋다
저녁 식사	40분	
찬양	10분	추천곡: "하나님은 너를 지키시는 자", "하나님께서는 우리의 만남을"
지체 소개	5분	
다락방 활동 슬라이드 쇼 또는 동영상 시청	5분	
축하 연주	5분	
간증	5분	
찬양	5분	추천곡: "주는 평화"
마무리 기도 및 피초청인을 위한 축복송	5분	"너는 시냇가에 심은 나무라"

다음은 열린 소그룹에 참석한 게스트를 위한 기도문이다. '감사 기도'의 순서에서 활용할 수 있다.

기도문 예시

하나님 아버지, 감사합니다.

추운 겨울이 따스한 봄바람에 밀려가고, 메마른 가지에 화사한 꽃들이 피어나는 이 봄을 주셔서 감사합니다. 화창한 봄날에 이렇게 귀한 분들을 이 자리에 불러주셔서 또한 감사합니다. 주님께서 이 자리에 함께해주시고, 저희 모임과 언제나 함께해주시옵소서. 어색하기도 하고 낯설기도 한 자리에 기꺼이 발걸음을 한 귀한 분들을 격려해주시고, 마음의 문을 열고 함께 즐거운 시간을 보낼 수 있도록 도와주시옵소서.

주님, 우리 중에는 어둡고 험난한 삶의 골짜기를 지나는 이들도 있습니다. 주께서 그들을 위로하시고, 그들의 애통한 마음을 치료해주시옵소서. 올 때는 무거운 발걸음으로 왔을지라도 갈 때는 평안과 기쁨의 마음을 품고 돌아갈 수 있게 하여주옵소서. 오늘, 이 모든 시간 속에서 주님이 주시는 평안을 누리기를 원합니다.

주님께 모든 것을 맡겨드리고, 우리를 위해 죽으시고 다시 사신 예수님의 이름으로 기도합니다. 아멘.

'간증' 순서에서는 열린 소그룹을 준비하고 이끌었던 소그룹 리더가 하는 것이 좋다. 초청받은 사람들이 열린 소그룹의 분위기를 어느 정도 감지할 수 있을 것이다.

간증문 예시

김○○ 집사

제가 열린 소그룹에 초청한 분은 6년 전 소그룹에 한 번 초대했던 큰아이 친구의 어머니입니다. 그런데 제가 신임 소그룹 리더가 되어 다시 그분을 초대하려고 하니 심적으로 부담이 컸고, 조심스러웠습니다. 그러나 그 영혼을 바라보시는 주님의 마음을 생각하고 기도로 준비하며 그분을 초대했습니다. 다행히 초청을 받은 그분도 참여할 수 있었습니다. 지체들은 모두 기쁜 마음으로 각자의 은사대로 동참해주었고, 은혜받기를 사모하며 함께 기도로 준비했습니다.

다른 지체들이 초청한 사람이 세 명 더 있었지만 참석하지 못했습니다. 하지만 그들도 주님께서 반드시 생명의 길로 인도해주실 것을 믿고, 소그룹 지체가 모두 합심하여 계속해서 마음에 품고 기도하려고 합니다. 많이 부족하고 믿음이 작은 우리를 사용하시고 도우시는 주님께 찬양을 올려드립니다.

김○○ 집사님의 은혜로운 간증, 윤○○ 자매님의 감동적인 바이올린 연주, 백○○ 자매님과 서○○ 자매님의 정성스러운 음식 그리고 선물로 찬양 CD를 준비했습니다. 많이 긴장되고 떨렸는데 오히려 초청받아 오신 분이 더 자연스럽게 어울려주시고, 말씀을 나눌 때도 적극적으로 공감을 표현해주시며, 질문에 답변도 잘해주셔서 정말 감사했습니다. 마치 오랫동안 소그룹에 함께했던 것처럼 참여해주셨습니다. 주님이 우리가 초청한 분들을 반드시 구원하시리라는 믿음이 마음 가운데 가득했습니다. 이번 한 번만 참석하겠다고 하시던 분이 모임이 끝난 후에는 소그룹에 참여할지 고민해보겠다며 마음을 바꾸셨습니다. 역사하시는 분은 오직 성령 하나님이심을 깨닫게 하시고, 은혜로운 열린 소그룹을 체험하게 하신 주님께 영광을 올려드립니다.

황○○ 집사

저희가 초청한 분은 자녀가 장애아 부서에 출석 중인 중증 장애 아동이었기 때문에, 소그룹에서 가장 심혈을 기울여 신경 쓰고 준비한 것은 기도였습니다. 초청한 분의 마음이 열리려면 기도가 가장 중요했습니다.

그리고 기도하는 동안 성령님은 초청받은 자매의 상황에 공감할 수 있는 아픈 마음을 우리에게 넘치도록 부어주셨습니다. 자매를 초청한 지체는 전부터 깊은 대화를 나누어왔고, 이미 자매의 여러 상황을 잘 알 만큼 친밀했기에 누구보다 먹먹해했습니다. 그러나 소그룹 지체들도 자녀가 어려서 적극적으로 도와줄 상황이 아니었고, 어떤 선물을 해야 자매가 좋아할지 고민도 많이 했습니다. 게다가 열린 소그룹 모임을 며칠 앞두고 리더인 제가 수술을 했기에 시간이 촉박하고 마음의 여유도 없었습니다.

하지만 기도 중에 제가 과거에 걸었던 광야를 생각나게 하셨고, 자매가 기뻐할 만한 선물을 준비할 수 있었습니다. 초청한 분을 위한 선물과 더불어 소그룹 지체들에게 줄 선물까지 포장해서 자매를 위한 기도 제목을 써놓은 리본도 달았는데, 하나님이 자매의 마음을 예비하고 계심을 깨달으며 행복을 느낄 수 있었습니다. 작은 테이블에 함께 앉아 서로의 마음을 깊이 나누었습니다. 다른 지체들과는 너무나도 다른 특별한 자녀를 둔 자매였기에 그가 복음을 받아들이는 것은 온전히 주님께 맡길 수밖에 없었습니다. 그런데 주님이 자매의 마음을 활짝 열어주신 덕분에 개인적인 사정까지 공유하고 기도 제목도 나누었습니다. 소그룹이 참 따스하고 편안하다며 좋아했습니다. 그리고 당장 다음번 소그룹에 참석하기로 했습니다.

고난 중에 주님께서 만지셔서 승화시킨 그 미소가 무척이나 가슴 아팠습니다. 하지만 말씀으로 교제를 나누는 시간에 하나님의 음성을 들을 수 있어 행복하다는 고백과 헤어진 후에도 SNS로 계속 자신의 이야기를 나눠주어서 우리가 모두 주님의 일하심을 느끼며 은혜를 누렸습니다. 모든 것을 예비해주신 주님께 무한한 감사를 드립니다.

【소그룹을 위한 나눔】

◈ 열린 소그룹

전도 대상자 중에서 복음에 마음이 열려 있고, 진리를 받아들일 수 있는 영적 수용성이 높은 사람들을 소그룹에 초청하라. 소그룹 모임을 시작하기 전에 그들을 위해 이벤트를 준비하라. 기존에 진행하던 방식 그대로 소그룹을 인도하기보다는 전도 대상자들이 마치 자신의 집에 온 것처럼 편안함을 느끼도록 운영하는 것이 좋다.

19장
지역사회를 향해 흘러넘치는 소그룹

교회는 세상 속에 존재하며 세상을 위해 존재한다. 교회는 세상과 동떨어져 있지 않다. 교회와 세상은 서로 영향을 주고받으며 함께 살아간다. 따라서 단순히 복음화의 관점으로만 지역사회를 바라봐서는 안 된다. 지역사회 주민을 전도할 대상으로만 보지 말고 섬길 대상으로 바라보아야 한다. 교회와 지역사회는 밀접하게 영향을 주고받는다. 교회가 존재하는 근거가 바로 지역사회다. 그러므로 교회는 지역사회 안에서 빛과 소금의 역할을 감당해야 한다.

지역 주민들이 교회를 바라보는 시선이 마냥 곱지만은 않은 것이 사실이다. 이러한 부정적인 시선은 교회가 지역사회의 필요를 무시한 채 성장만을 추구하고, 분열과 대립으로 가득한 개교회 중심의 이기적인 모습을 보인 데서 비롯되었다. 세상 사람이 스스로 교회를 찾아오던 시대는 지났다. 믿음을 지닌 성도들조차 세상에서 자신의 신앙을 공개적으로 드러내기를 꺼린다. 하지만 한국교회에는 희망이 있다. 묵묵히 지역사회를 섬기며 예수 사랑을 실천하는 성도들의 섬김과 헌신이 여전히 살아 숨쉬기 때문이다. 소그룹은 지역사회로 나가는 전진 기지다. 소그룹이야말로 청중의 자리에만 있던 성도를 무대 중앙으로 이끌어내어 세상이 그리스도의 사랑을 직접 체험할 수 있게 하는 하나님의 도구다.

스티브 쇼그린(Steve Sjogren)과 데이브 핑(Dave Ping)은 『하나님의 사랑이 흘러넘치는 삶』(Outflow, 국제제자훈련원 역간)에서 하나님의 사랑과 소망과 기쁨이 가득 차서 흘러넘치는 풍성한 삶을 살아가는 비결을 알려준다. 그리스도인 한 사람이 지역사회에 그리스도의 사랑을 흘려보내는 일은 쉽지 않다. 하지만 소그룹에서 비전을 공유하며 실천하면 그 일을 해낼 수 있다. 『하나님의 사랑이 흘러넘치는 삶』이 제시하는 몇 가지 제안을 살펴보자.

첫째, 하루에 한두 가지만이라도 예수님의 이름으로 작은 친절을 베풀라. 소그룹의 한 지체가 하루에 한두 가지만이라도 작은 친절을 베푼다면, 일주일에 최소한 일곱 명에서 열네 명이 교회에 대한 좋은 인상을 받게 될 것이다. 만일 이 일을 1년 동안 날마다 반복한다면, 365명에서 730명에게 그리스도의 사랑을 나타내는 셈이다. 단순 계산만 해보아도 수백 명이 그리스도인의 친절을 경험하고, 그것을 통해 자신이 하나님께 소중한 존재라는 사실을 인식하게 될 것이다. 아무런 대가나 보상을 바라지 않고 소중한 시간과 돈과 에너지를 아낌없이 사용하여 친절을 베푼다면, 우리는 하나님의 사랑이 실재한다는 것을 보여줄 수 있다.

둘째, 사람들의 말을 경청하는 봉사를 하라. 우리가 베푸는 작은 친절은 사람들의 마음 문을 열어줄 것이다. 거기에서 더 나아가 상대방의 말을 귀 기울여 듣는다면 그의 마음에 한 발짝 더

들어가게 될 것이다. 사람들을 눈여겨보고 그들의 말을 들어주는 것은 하나님의 사랑을 나타내는 아주 효과적인 방법이다. 마음을 다해 진심으로 경청하는 사람은 그리 흔하지 않기 때문이다. 전 미국 국무장관을 지낸 딘 러스크(Dean Rusk)는 "상대를 설득할 수 있는 최고의 방법은 잘 들어주는 것이다"라고 말했다. 비신자들에게서 멀찌감치 떨어져 그들에게 "하나님은 살아 계시고 당신을 사랑하십니다"라고 확성기에 대고 외치는 것은 좋은 방법이 아니다. 그들에게 다가가 그들의 말을 듣는 것부터 시작하라.

셋째, 자신이 사는 도시를 사랑하라. 늘 다니는 식당과 가게, 미용실의 단골이 돼라. 그곳에서 일하는 사람들의 낯을 익히고 이름을 알아두라. 마트, 편의점, 주유소에 갈 때 잠시 멈추어 서서 종업원과 대화를 나누어보라. 예의 바르게 말을 걸기만 해도 대부분 우리와 이야기하는 것을 좋아할 것이다. 관계가 세워지기도 전에 전도지부터 들이밀어서는 안 된다. 작은 친절을 베풀고 그들의 이야기를 귀 기울여 들어주며 먼저 사랑의 관계를 맺으라. 이것이 예수님이 사용하셨던 방법이다. 예수님은 하나님의 나라가 도래했다고 전파하시는 한편, 배고픈 사람을 먹이고 아픈 사람을 치료하셨다. 초대교회도 그와 동일한 사역을 했다. 복음을 전파하면서 가난한 사람을 돕고 과부를 돌보았다. 그들이 하는 선행이 복음을 뒷받침했다.

넷째, 사람들에게 집을 개방하고 손 대접에 힘쓰라. 손 대접이란 어려움에 부닥친 형제자매들에게 시간과 공간을 내어주고 도움을 주는 것을 의미한다. 며칠간 잠자리를 제공하거나, 어려움을 겪고 있는 가정을 초대해 식사를 대접하거나, 커피를 마시면서 마음의 무거운 짐을 내려놓도록 고민을 들어줄 수 있다. 우정을 쌓고 교제하기 위해 항상 집을 열어두는 것이다. 이런 손 대접을 실천하려면 시간과 에너지를 많이 쏟아야 한다. 재정적인 지출도 늘고, 무엇보다도 사생활이 침해당하는 불편을 감수해야 한다. 그런데 손 대접이 공동체 전도에 사용되면 큰 힘을 발휘한다. 손 대접은 사람을 회심시키는 힘이 있기 때문이다. 우리가 무엇을 믿고 어떻게 사는지를 보여주는 가장 좋은 방법은 가정에서 그들을 만나는 것이다. 비신자들을 교회로 인도하기 전에 먼저 가정으로 인도해야 한다. 예수님을 믿게 된 사람들 대부분이 자신과 진정한 친구가 되어준 그리스도인을 통해 믿음을 갖게 되었다.

소그룹별로 교회 밖에서 활동할 수 있는 프로젝트를 만들어 보는 것도 좋다. 예를 들어, 각 지체의 은사와 특별한 재능을 활용하여 지역 주민을 위한 강좌를 열 수 있다. 혹은 집에서 사용하지 않는 물건을 기증해서 각자 필요한 것을 저렴하게 사고파는 작은 장터를 운영하거나, 교회 공간을 이용해 문화센터나 각종 마을 행사를 지원할 수도 있다. 악기, 미술, 창의력 수업 등 지역사회 주민과 만날 수 있는 방법은 다양하다. 교인 수와 관계없이 소그룹별로 움직이면 풍성하고 유익한 일들을 통해 지역사회와 만날 수 있다. 자녀교육, 알코올 중독이나 도박 중독과 같은 중독의 문제, 미혼모 가정 등 지역사회 현안에 적극적으로 개입해서 선한 사업을 함으로써 지역사회에 하나님나라를 확장해가라.

【소그룹을 위한 나눔】

◈ 지역사회에서 관계를 맺을 수 있는 사람들을 찾아보라.

가족이나 친척, 친구(자녀의 친구 부모), 동호회 회원(스포츠, 헬스, 취미 생활), 직장 동료, 지역사회(마트, 미장원, 식당 등)에서 만난 사람들 등.

1. 기도하면서 각 카테고리에 해당하는 한두 사람의 이름을 적게 하라.
2. 기도하는 가운데 그들을 어떻게 초대할 것인지 함께 의논하라.
3. 그들을 위해 집중적으로 기도하라.
4. 그들을 위해 열린 소그룹을 준비하고 초대하라.

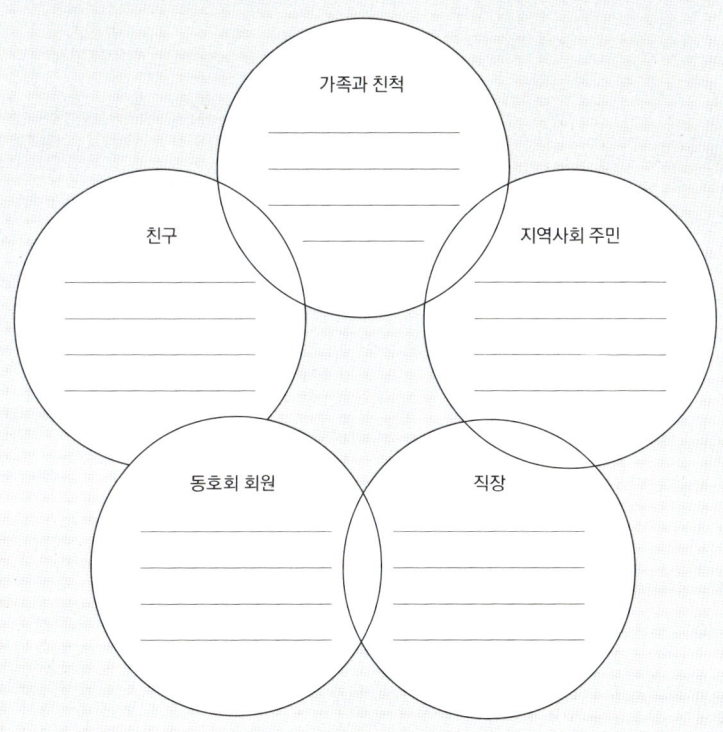

20장
새 가족을 배려하는 소그룹

 소그룹에 새 가족이 들어오는 것만큼 기쁜 일이 없다. 그런데 기쁜 동시에 걱정이 되기도 한다. 새 가족 때문에 지체들의 친밀한 관계가 깨어지거나 역동성이 떨어지는 것은 아닐까 하는 생각이 들기 때문이다. 그러나 누구보다도 부담감을 느끼는 사람은 바로 그 새 가족이 아닐까 싶다. 주일 예배에는 많은 사람이 참석하고 자신이 드러날 일이 별로 없어서 조용히 왔다 돌아가면 되지만 소그룹은 다르다. 그곳에서는 자기 모습을 숨길 수가 없기 때문이다. 어떻게 하면 소그룹에 새로 참여하는 사람들이 친숙함을 느끼게 할 수 있을까?
 먼저 새 가족을 두 부류로 나누어서 살펴보아야 한다. 한 부류는 다른 교회에서 신앙생활을 하다가 옮겨온 기신자다. 이들은 예수 그리스도에 대한 신앙이나 기도, 성경 읽기 등의 보편적인 신앙생활 측면에서는 문제를 느끼지 못한다. 하지만 예배 분위기나 성도 간의 교제, 인간관계 같은 측면에서는 이질감을 느낄 수 있다. 비록 같은 신앙을 공유하고 있다고 해도, 교회 분위기나 영성의 색깔은 교회마다 다르기 때문이다. 그러므로 다른 교회에서 이미 신앙생활을 해왔고 자발적으로 소그룹에 참여했다고 해서 우리 소그룹에 쉽게 적응할 수 있다고 생각해서는 안 된다. 그들이 교회에서 받는 문화 충격을 완화하고 서먹한 관계를 풀어가기 위해 주의 깊게 살펴보고 노력해야 한다.

또 다른 부류는 비신자 혹은 아직 신앙의 기초가 없는 초신자다. 그들은 아직 구원의 확신이 없고 예수님을 인격적으로 만난 적이 없을 수 있다. 또는 교회에 다닐 생각이 전혀 없는데 주변 사람들(가족이나 친구)에게 이끌려 비자발적으로 교회 생활을 시작한 사람일 수도 있다. 어떤 사람들은 교회에 부정적인 감정이 있을 수도 있다. 이런 사람들은 기존 신자들이 사용하는 기독교의 독특한 용어나 표현이 낯설 것이다. 어떻게 기도해야 하는지도 모르고, 주기도문과 사도신경을 다 함께 암송하는 순서에서 당황할 수도 있다. 이들을 위해 전반적인 교회생활을 친절하고 자세하게 안내하고, 모든 지체가 그들을 환영하고 있다는 사실을 알리는 것이 매우 중요하다.

소그룹에 새 가족이 들어온다는 것은 그 소그룹이 살아 있고 건강하다는 증거다. 새 가족이 들어와서 부담스럽고 그가 잘 적응할지 걱정스럽기도 하지만, 반대로 새 가족이 들어온 덕분에 소그룹의 친밀감과 역동성이 더 커질 수 있다. 리더는 새 가족이 소그룹의 일원으로 잘 정착하도록 도와야 한다. 어떻게 해야 잘 도울 수 있을까?

무엇보다 먼저 새 가족을 따뜻하게 환영하라. 새 가족에 관한 기본적인 정보를 잘 기억하고, 소그룹에 그들을 소개할 때 친숙하게 이름을 불러주라. 소그룹을 시작하기 전에, 몇 사람이라도 먼저 새 가족과 대화를 나누는 시간을 마련하는 것이 좋다. 새 가족이 교제를 나눈 사람이 많을수록 소그룹에 소속감을 느끼고 빨리 정착할 확률이 높다.

새 가족에게 관심을 두되 이목이 너무 쏠리지 않게 하라. 대부분의 새 가족은 필요 이상의 관심을 부담스러워한다. 개인적인 이야기를 캐묻는 질문도 자제하는 것이 좋다. 탐색하는 시기를 자연스럽게 지나도록 기다려주는 것이 좋다. 어느 시점이 되면 마음속에 감추어둔 아픔을 털어놓고 지체들에게 기도와 도움을 요청할 것이다. 소그룹 지체들이 새 가족을 기꺼이 돕고 싶어 한다는 느낌을 주고, 그가 먼저 자기 이야기를 꺼낼 때까지 기다리는 것이 좋다.

새 가족이 열정적으로 참여할 수 있는 대화 주제를 찾으라. 사람들은 자신이 알고 있는 것을 말하기를 좋아한다. 그가 일하는 분야나 취미 활동이나 관심사를 주제로 대화하도록 배려하라. 소그룹 지체들이 새 가족의 이야기를 주의 깊게 들어주면, 그는 지체들이 자신에게 관심을 기울인다는 사실을 느낄 것이다. 또한 새 가족에게 교회나 소그룹에 바라는 점이 있는지 물어보라. 사소한 건의 사항에도 관심을 갖고 반응하면 새 가족이 편안하게 소그룹에 적응할 수 있을 것이다.

초신자가 소그룹에 참석했을 때는 그의 문제점을 지적하기보다는 앞으로 성장할 가능성을 제시하고 격려하라. 친밀한 관계를 맺지도 않았는데 성경을 모르는 것을 지적할 필요는 없다. 첫 모임을 마치고 헤어질 때, 새 가족에게 진심을 담아 축복하는 말을 해주라. 앞으로 소그룹을 통해 놀라운 일들을 경험할 것이라는 기대감을 심어주라. 자신이 소그룹에서 용납받고 있다는 생각이 들면, 사모하는 마음으로 참석하게 될 것이다.

새 가족이 처음으로 방문한 후 그다음 모임이 열리기 전에 연락하라. 참석을 강요하는 느낌을 준다면 문제가 되겠지만, 지난번 모임에 참석해준 것에 감사를 전하고 소그룹 지체들이 새 가족을 환영한다는 사실을 알려야 한다. 새 가족이 아무 연락도 받지 못하면 자신이 소그룹에 불청객이 된 것으로 오해할 수도 있다.

소그룹이 이렇게 활동하기 위해서는 리더가 지체들에게 새 가족의 특성과 중요성을 인식시켜야 한다. 소그룹에 들어온 새 가족이 어떤 사람인지 파악하고, 그에게 필요한 것이 무엇인지 알아본 후 지체들이 다 함께 그를 양육하는 일에 힘을 합치도록 격려해야 한다. 새 가족을 집에 초대하여 식사를 대접한다든지, 함께 극장에 가거나 소풍을 가는 등의 이벤트를 준비해도 좋다.

【소그룹을 위한 나눔】

◈ 전도 대상자의 이름을 적은 책갈피 만들기

책갈피를 만들 수 있는 종이, 가위, 필기도구를 준비하여 소그룹 지체들에게 나누어주라. 각자 마음에 품은 전도 대상자들의 이름을 떠올려보게 하라. 그들의 이름을 종이에 적고, 그것으로 책갈피를 만들라. 혹시 소형 코팅기를 빌릴 수 있다면, 종이를 코팅하고 윗부분에 펀치를 뚫어 리본이나 끈을 달면 더 튼튼한 책갈피를 만들 수 있다. 책갈피에 기록된 전도 대상자(태신자)들의 이름을 부르며 함께 기도하라.

◈ 후속 양육

열린 소그룹에 참석한 전도 대상자들이 주일예배에 참석할 수 있도록 도우라. 또한 불참한 전도 대상자에 대해서는 나오지 못한 이유를 파악하고, 그들을 위해 소그룹 지체들과 계속 기도하면서 전도 대상자에 대한 관심을 유지하라.

21장

팬데믹 시대, 우리의 전도

　코로나 팬데믹을 거치면서 한국교회의 이미지가 심각한 손상을 입었다. 목회데이터연구소에서 발간하는 주간리포트 〈넘버즈〉 82호에서는 한국교회에 대한 신뢰도의 변동을 이렇게 보고했다. "코로나19 발생 직전인 2020년 1월에 측정한 한국교회 신뢰도는 32퍼센트였다. 그런데 1년 후인 2021년 1월 동일한 문항으로 조사한 한국교회 신뢰도는 21퍼센트로 1년간 무려 11퍼센트포인트나 하락한 것으로 나타났다. 이를 통해 코로나19로 한국교회의 신뢰도가 얼마나 큰 타격을 받았는지 알 수 있다." 그런데 개신교인과 비개신교인으로 나누어 한국교회 신뢰도를 살펴보면, 개신교인은 70퍼센트, 비개신교인은 9퍼센트로 극명한 차이를 보였다.

　목회데이터연구소에서는 여러 데이터를 분석하면서 비신자들이 교회를 바라보는 '프레임'이 있다고 해석했다. 그들의 눈에는 교회가 이기적으로 보인다는 것이다. 9퍼센트의 낮은 신뢰도는 전도와 선교에 매우 부정적인 영향을 끼칠 수밖에 없다. 이러한 상황이라면 전도는커녕 자신이 그리스도인이라고 밝히기도 꺼려지는 분위기인 것이다. 교회의 작은 실수도 확대해서 해석하고 실제로 그렇다고 믿는다. 이런 프레임이 비신자들이 교회를 더욱 부정적으로 보게 하고 불신하게 한다. 이런 프레임을 깨야 전도의 문이 열린다.

문제는 이런 프레임이 한번 형성되면 쉽게 바뀌기 어렵다는 것이다. 사회에서 문제가 되는 비상식적인 일이 교회의 이름으로 벌어졌을 때, 우리는 이단이나 일부 몰지각한 교회의 문제라고 변명하기도 한다. 하지만 그것은 별로 도움이 안 된다. 프레임을 깨려면 세상 사람들이 우리에게 씌운 프레임에서 벗어난 모습을 오랜 시간 동안 지속해서 보여줘야 한다.

교회가 이러한 부정적인 프레임에서 벗어나기 위해, 팬데믹 시대의 소그룹은 이웃에게 어떤 모습을 보여줘야 할까? 교회가 공공성을 회복해야 한다는 목소리가 커지고 있다. 교회가 담장을 넘어 지역사회에 그리스도의 사랑을 펼쳐야 한다고 주장하는 것이다. 초대교회 성도들은 디아코니아(*diaconia*, 봉사와 섬김)를 통해 그들이 속한 세상에 공동선(common good)을 실천했다. 초대교회는 자신의 이익만 추구하는 사적 공동체가 아니라, 이웃의 유익을 위해 공적 책임을 감당하는 존재였다.

코로나가 불러온 혼란한 상황에서 대부분의 건강한 교회는 공동선을 실천했다. 어떤 교회는 코로나로 힘들어하는 사람들에게 마스크를 기부했다. 또 다른 교회는 찜통더위 속에서 방호복을 입고 땀 흘려 일하는 의료진들에게 음식을 제공했다. 혹은 코로나 때문에 경제적으로 위기를 맞은 사람들에게 위로금을 전달한 교회도 있었고, 독거노인들에게 반찬을 나누어주는 봉사를 하는 교회도 있었다. 이렇게 교회는 이웃의 유익을 위해 공적 책임을 감당했다. 이것이 바로 교회가 존재하는 이유이며, 이런 실천이 교회를 교회답게 한다.

여기서 조심해야 할 것이 있다. 교회가 이러한 일을 감당할 때, 복음 제시만을 목적으로 둔 사회봉사가 아니라 지역사회와 개인의 필요를 채우는 진정성 있는 사랑의 손길로서 행해야 한다. 많은 비신자는 교회가 베푸는 사랑의 손길이 교세를 확장하기 위한 전도의 수단이라고 인식한다. 아무리 열심히 섬기고 희생하는 모습을 보여도 그들은 '이기적'인 교회가 교세를 확장하기 위해 그런 일들을 한다고 생각하는 것이다. 이러한 프레임을 깨기 위해서는 진심을 담아 사랑과 섬김의 사역을 꾸준히 펼치는 것 외에는 다른 도리가 없다.

왜곡된 프레임으로 교회를 바라보는 세상의 눈총이 따갑다. 코로나 팬데믹을 지나오면서 전도하기가 더 어려워졌다. 전도는커녕 그리스도인이라고 공개적으로 드러내기가 꺼려질 정도로 분위기가 좋지 않다. 하지만 이런 현실이 주님의 지상명령을 미루는 핑계가 될 수 없다. 전도는 교회에 대한 이미지가 나빠진다고 해서, 사람들을 직접 만날 수 없는 상황이라고 해서 멈출 수 있는 것이 아니다. 사도 바울의 상황을 떠올려보자. 사도 바울은 감옥에 갇히기도 했고, 가택 연금도 당했었다. 그러나 그는 이런 상황에 굴하지 않고 오히려 더욱 활발하게 복음을 전했다. 오늘날의 우리와 비슷하지 않은가? 지금 우리가 바울보다 더 어려운 상황에 있다고 말하기는 힘들 것이다.

새로운 전도법

한국교회는 전도를 위해 상황의 한계를 극복하는 새로운 패러다임을 찾아야 한다. 팬데믹 이전에는 대면 전도가 주된 방법이었다. 전도 폭발, 총동원 주일, 대각성 전도 집회, 관계 전도, 노방 전도 등 직접 만나 복음을 제시하는 형식으로 전도해왔다. 이런 방법들은 한국교회가 폭발적으로 성장한 주요 원인이었고, 이를 통해 많은 열매를 맺었다. 그러나 팬데믹 상황이 찾아오자 대면 활동이 원천적으로 봉쇄되었고, 사람을 만나는 것이 두려운 일이 되어버렸다. 이에 따라 지금까지 해오던 대면 전도 방법도 한계에 부딪히게 되었다. 대면 전도만을 고집할 수 없는 상황이 온 것이다. 지금까지 성공했던 방법들이 전혀 먹히지 않는 상황에서는 새로운 전도 방법을 찾아 도전해야 한다.

팬데믹 상황이 장기화하면서 사회적 약자들이 사각지대에 놓이게 되었다. 이런 때일수록 교회는 사회적 약자에게 긍휼을 베푸는 일에 적극적으로 나서야 한다. 소그룹에서는 지체들이 살고 있는 각 지역사회에 어떤 소외계층이 있는지 알아보게 하고, 그들을 실질적으로 도울 방법을 찾아야 한다. 예를 들어, 고독사를 막기 위해 독거노인들에게 야쿠르트를 매일 집 앞에 가져다 놓는 봉사를 할 수 있다. 야쿠르트가 문 앞에 쌓여 있는 것을 보고 신변의 변화를 눈치챌 수 있는 것이다. 작은 일로 느껴져도 사랑의 마음만 있으면 할 수 있는 일이 많다. 필요하다면 동사무소와 연계해서 어려운 이웃을 도울 방법을 찾아보라.

또한 비대면 전도를 적극적으로 고민하고 활용해야 한다. 팬데믹 기간에 커뮤니케이션의 방법이 모바일과 온라인 중심으로 급속히 재편되었다. 최재붕이 동일한 제목의 책에서 소개하는 '포노 사피엔스'(스마트폰을 신체의 일부처럼 사용하는 인류)라는 신조어는 코로나로 인해 더욱 익숙한 용어가 되었다. 손바닥 위의 작은 화면을 통해 인터넷 세계에 접속하여 수많은 일을 처리할 수 있는 모바일 중심 시대가 된 것이다. 대한민국 인구의 90퍼센트 이상이 스마트폰을 소유하고 있다. 코로나 팬데믹 이전에는 스마트폰 사용 시간이 하루 평균 3시간 40분이었는데, 팬데믹 이후에는 4시간 20분으로 증가했다는 통계도 있다. 수면 시간을 빼면 스마트폰을 사용하는 데 가장 많은 시간을 쓰고 있는 셈이다. 맛집은 포장 배달로 즐기고, 각종 공연은 방구석 공연으로 대치되고 있다. 화상 회의, 온라인 수업, 로봇 카페, 모바일 뱅킹 등이 이제는 익숙한 삶의 일부가 되었다.

이러한 시대를 '디지털 미디어 시대'라고 부른다. 이 시대에는 정보의 빠른 전달로 세상이 더욱 빠르게 변화되고, 문자보다 영상으로 더 많은 정보를 얻는다. 한 조사에 따르면 우리나라 국민의 83퍼센트가 유튜브를 시청하는 시간이 한 달에 평균 30시간에 이른다고 한다. 인터넷과 각종 SNS의 발달로 우리 사회는 초연결사회(hyper-connected society)로 빠르게 전환하고 있다. 코로나 팬데믹으로 이런 변화는 더욱 빠르게 진행될 것이며, 이로 인해 대면보다는 비대면 커뮤니케이션이 더욱 활발해지고 있다.

팬데믹이 한창일 때 교회들은 거리두기 정책 때문에 온라인 매체를 활용하여 비대면 예배를 드려야 했다. 그래서 대부분의 교회가 온라인 매체를 활용할 수 있는 기반 시설을 급하게 갖추기 시작했다. 그 덕분에 이제는 많은 사역자가 영상을 편집하거나 콘텐츠를 제작하는 데 실제적인 역량을 갖추게 되었다. 교회는 이런 변화를 어떻게 수용하고 적극적으로 발전시켜서 성도들의 영적 성숙을 도모하고 훈련에 접목해나갈지를 고민해야 한다. 사실 지금까지 교회는 방송과 영상을 전도에 적극적으로 활용하지 못했다. 단지 예배를 중계하는 선에서 기존의 성도들과 소통하는 것으로 만족했다. 이제는 이런 모든 콘텐츠를 전도에 초점을 맞춰 재가공하여 사람들과 소통하는 것이 중요하다.

그렇다면 소그룹에서 비대면 방식으로 어떻게 전도할 수 있을까? 무엇이든 빠르게 변화하는 시대 속에서 변하지 않는 진리를 어떻게 전할 것인가? 부정적으로 보면 대면 전도의 방식이 막힌 것이지만, 긍정적으로 보면 모바일과 온라인 기반의 다양한 매체와 채널을 통해 전도할 수 있는 다양한 문이 열린 것이다. 직접 만날 수 없는 상황 때문에 손 놓고 걱정만 하지 말고, 비대면 매체의 세계를 더 깊이 탐구하여 새로운 전도 방법을 찾아내야 한다.

먼저 인터넷 기반의 SNS를 활용해 전도할 수 있다. SNS란 소셜 네트워크 서비스(Social Network Service)의 약자로 사용자들이 자유롭게 의사소통하고, 정보를 공유하며, 인맥을 확대하도록 도와주는 온라인 플랫폼을 의미한다. 즉, 다양한 사람들이 연결되는 온라인 공간이다.

SNS를 활용한 전도는 시대적 요청에 부합하는 방법이다. 팬데믹 상황뿐만 아니라 현대인의 생활 양식 때문에 대면해서 만나는 것 자체가 힘들다. 새벽같이 출근하고 밤늦게 귀가하는 사람이 많다. 전업주부가 점점 줄어들고 맞벌이 부부가 늘어나고 있다. 학생들은 학교 수업 외에도 과외나 특별 활동으로 바쁘다. 이들은 스마트폰으로 뉴스, 책, 만화를 본다. 사람들과는 페이스북이나 카카오톡과 같은 앱을 통해 소통한다. 이런 면에서 SNS는 어디서나 쉽게 접근할 수 있다는 장점이 있다. 언제 어디서나 자신의 안부를 전하고 고민을 나눌 수 있다. 이런 앱을 잘 활용하면 큰 효과를 볼 수 있다.

SNS 플랫폼을 국가에 비유한다면, 페이스북이 전 세계에서 가장 인구가 많은 나라라고 말해도 과언이 아니다. 현재 페이스북 가입자는 약 16억 명에 이른다. 머지않아 세계 인구 절반이 페이스북을 이용할 날이 올 것이다. 이런 유형의 소셜 미디어는 전 세계에서 활발하게 활용된다. 특별히 청소년과 청년 세대에게 SNS는 삶 그 자체라고 할 수 있다. SNS 공간에서 다른 사람들이 이해할 수 있는 형식을 사용하여 내가 믿는 복음의 메시지를 드러내는 것은 효과적인 전도의 한 방편이다. 복음을 드러내는 좋은 콘텐츠에는 '좋아요'를 누르거나 공유하기만 해도 비신자들이 그 콘텐츠를 볼 수 있다. 아파트에 찾아가 전도하는 것도 좋지만 페이스북에서도 전도할 수 있다. 선한 글들이 하나하나 쌓여가면, 자극적인 글과 사진으로 가득한 공간이 은혜의 공간으로 바뀔 것이다. 좋은 콘텐츠가 올라오면 소그룹에서 지체들끼리 공유하고, 더 나아가 전도 대상자에게도 소개하도록 독려하자.

카카오톡은 사용하는 용도가 조금 다르다. 온라인 접속이 가능한 곳이라면 전 세계 어디서나 무료로 채팅할 수 있는 카카오톡은 소그룹에서 사용하기가 가장 쉬운 도구다. 2019년의 통계 자료를 보면 카카오톡의 월간 순 사용자 수는 3,743만 명이었다. 대한민국 전체 인구수인 5,178만 명의 무려 72퍼센트에 해당하는 수치다. 카카오톡은 한마디로 '국민 앱'이다. 카카오톡은 링크만 복사해서 문자와 영상을 전달할 수 있기 때문에 콘텐츠를 공유하기가 쉽다. 카카오톡을 활용하여 전하고 싶은 메시지나 영상을 전도 대상자에게 전달하면 된다.

이때 활용하기 좋은 유튜브 콘텐츠가 있다. 유튜브에서 '모자익 메세지'(Mosaic Message)를 검색하면 다양한 버전의 전도 동영상을 볼 수 있다. 다양한 언어로 제작된 동영상이 올라와 있어서 외국인 친구들도 전도할 수 있다. 또한 카카오톡으로 목회자의 설교 링크를 보내는 것도 좋은 방법이다. 이런 경우에는 설교 전체보다는 복음을 담은 핵심 내용을 5분 이내로 편집해서 보내주는 것이 효과적이다. 교회에서 추천하는 복음이 담긴 영상이나 메시지를 개인 카카오톡을 활용해서 전도 대상자에게 전달할 수 있다. 받는 사람의 기분이 좋아지게 하고 받은 내용을 깊이 고민하도록 누구나 공감할 만한 내용을 담아 멋지게 디자인해야 한다.

SNS를 통해 복음 메시지를 전할 때 몇 가지 조심해야 할 점이 있다. 1) 열심이 너무 과해서 상대가 '문자 폭탄'을 받은 것처럼 느끼게 해서는 안 된다. 시도 때도 없이 울려대는 메시지 알람은 전도가 아니라 테러당하는 느낌을 줄 것이다. 2) 메시지를 보낼 때 전도와 관련된 것 하나만 보내지 말라. 안부를 묻고 대화하는 인격적 관계 속에서 복음을 전해야 한다. 3) 매일 기계적으로 메시지 하나만 보내는 것도 금물이다. 매일 똑같이 전송되는 메시지는 상대가 아예 읽어보지도 않을 가능성이 높다. 4) 메시지의 내용이 너무 길어도 읽지 않는다. 잠깐 스쳐 지나가면서도 볼 수 있을 정도의 간단한 메시지를 준비하라. 읽는 사람의 눈을 사로잡을 만한 디자인으로 메시지를 포장하는 것도 중요하다.

새로운 시대가 왔다고 해서 모든 것을 온라인으로 대체할 수는 없다. 직접 만나지 않고 온라인 공간에서만 교제할 수는 없다. 온라인 공간을 만들어 활성화하는 일과 공동체가 대면하는 일이 반드시 함께 이루어져야 한다. 다시 말해, 대면과 비대면 사이에 균형이 필요하다. 소그룹은 비대면과 대면 전도를 함께 엮어 전도에 생명력을 불어넣을 수 있다. 온라인상에서 편리함과 익명성을 제공하는 동시에 궁극적으로는 쌍방향 의사소통의 자리로 이끌어서 직접 복음을 제시하고 지역교회로 초대하는 과정까지 이어져야 한다. 이를 위해 교회는 원활한 소통이 이루어지도록 교회의 홈페이지를 제대로 구축하고, SNS를 적절히 활용할 수 있는 능력을 개발해야 한다. 그뿐만 아니라 소그룹 리더와 지체들이 온라인으로 교육받고, 여러 형태로 활발히 소통할 수 있는 장을 마련해야 한다.

소그룹은 이런 모든 전도 활동의 중심축이다. 소그룹이 얼마나 탄탄하게 운영되는지에 따라 사역의 결과가 달라진다. 팬데믹으로 인해 대면 접촉이 제한되면서 이전과 같은 방식으로 신앙생활을 할 수 없는 상황에서 건강한 소그룹을 유지하기는 쉽지 않다. 이때 대안으로 활용할 수 있는 수단이 바로 줌(Zoom)이다. 줌을 사용하여 예배, 성경공부, 교제 등의 다양한 영역에 활기를 불어넣을 수 있다. 줌은 젊은이뿐만 아니라 자녀를 둔 학부모에게도 익숙한 도구다. 줌이라는 도구가 생소한 지체들에게 용기를 북돋아주고 실제적인 도움을 주어 익숙하게 해주라. 소그룹이 줌을 활용하면 비대면 교제의 약점을 보완할 수 있다.

전도 방법 가이드

레베카 피펏은 영국 〈크리스천 투데이〉(Christian Today)와의 인터뷰에서 팬데믹 시대에 적합한 전도 방법으로 '기도-돌봄-나눔'(Prayer-Care-Share) 모델을 제시했다. 1) 기도하라. 지체들이 복음을 전해야 할 사람을 만나게 하시고, 복음을 전하기 좋은 상황과 능력을 허락해주시며, 모든 면에서 부족함이 없도록 성령님께 기도하라. 또한 불신자들의 눈을 열어 그들에게 복음이 필요하다는 사실을 인식하게 하시고, 복음을 마음 깊이 이해하게 해달라고 기도하라. 2) 돌보라. 예수님이 하셨던 것처럼 상대방과 친구가 되고, 진실한 관계를 맺으며, 공감을 표현하라. 예수님은 사람들을 '프로젝트'의 타깃처럼 취급하지 않으셨다. 3) 적절한 때에 복음을 나누라. 예수님은 사람들의 이야기를 경청하셨고, 많은 질문을 던져 호기심을 불러일으키셨다. 예수님은 복음의 진리를 사랑으로 말씀하셨다.

전도를 온라인으로 하든 오프라인으로 하든, 비대면이든 대면이든 관계없이 피펏이 제시한 모델이 궁극적인 해답이다. 왜냐하면 그것이 전도의 정확한 순서이기 때문이다. 먼저 기도로 성령의 능력을 구하고, 사랑의 관계를 맺고 그들의 필요를 채우며, 경청하고 질문하면서 내가 믿는 진리를 드러내는 것이다.

구체적인 방법으로 FMnC(기술·과학 전문인 선교회)가 소개한 7단계 온라인 관계 전도법을 살펴보자.[1]

1단계: 전도할 대상자를 마음에 정하라. 주변에 있는 가족, 친척, 친구, 또는 직장 동료 중에서 전도하고 싶은 대상을 3-5명

정하여 전도 대상자 목록을 만들라.

2단계: 전도 대상자를 위해 기도하라. 전도 대상자 목록에 있는 각 사람을 위해 기도하라. 하나님이 그들의 마음을 부드럽게 하셔서 그들이 마음을 열고 하나님의 음성을 듣게 해달라고 기도하라. 또한 하나님이 당신의 인생 가운데 행하신 일을 전도 대상자와 나눌 기회를 달라고 간구하라.

3단계: 삶의 모범을 보여주라. 전도 대상자들은 당신을 어떤 사람으로 보고 있을까? 평소에 온화한 말을 하고, 다른 사람을 배려하는 행동을 하며, 친절한 성품을 드러냄으로써 그리스도를 따르는 자의 경건한 삶의 모범을 보여주라.

4단계: 온라인으로 복음의 내용을 전달하라. 전도 대상자에게 복음의 메시지를 보내주거나, 복음을 나눌 수 있는 웹 사이트를 방문하도록 초청해보라. 이메일, 문자, 페이스북, 카카오톡으로 사이트의 주소를 보내 공유할 수 있다. 이때 이렇게 이야기하라. "이 사이트에 한번 들어가보세요. 당신이 좋아할 것 같다는 생각이 들었어요. 아마도 당신에게 용기를 줄 거예요. 보신 후에 어떤 생각을 하게 됐는지 알려주면 좋겠어요."

5단계: 대화를 나누어보라. 전도 대상자와 지속적인 관계를 맺으며 대화를 나누어보라. 그리고 그들이 복음을 어떻게 생각하는지 물어보라. 하나님이나 기독교에 대한 질문에 답을 줄 멘토를 원한다면 소개해주라.

6단계: 이 방법을 다른 사람에게도 알려주라. 가능한 한 많은 사람을 전도하기 위해 지인과 친구들에게 이 7단계 온라인 관계 전도 방법을 알려주라.

7단계: 멈추지 말고 계속하라. 계속 기도하면서 경건한 삶의 모범을 보여주며 하나님의 말씀을 온라인으로 전해주라. 하나님은 언제나 당신과 함께 계시다. 하나님은 당신이 결코 상상하지 못했던 방식으로 당신을 사용하실 수 있다.

팬데믹 상황은 영적 개방성을 불러올 것이다. 즉, 사람들의 사고방식이 크게 변화하여 더 쉽게 복음을 받아들일 수 있는 영적 토양이 준비될 것이다. 두 번의 세계대전을 치르며 전쟁의 참담함과 잔인함을 몸소 겪은 후, 과학 기술의 진보가 삶의 풍요로움을 보장할 것이라는 인류의 낙관주의는 산산조각이 났다. 이처럼 오늘 우리가 경험하는 팬데믹은 사람들이 기존에 세워둔 삶의 목적과 방식을 뒤흔들 것이다. 그동안 동경하며 추구해왔던 인생의 성공과 행복의 기준이 눈에 보이지도 않는 작은 코로나 바이러스 앞에서 속수무책으로 무너졌다. 붙잡기 위해 열심히 달려왔던 목표가 신기루처럼 사라지는 것을 본 사람도 많다. 두려움과 절망에 빠져 있던 시간이 짧지 않았다. 이렇게 절망으로 가득한 세상에는 복음이 필요하다. 교회에는 불확실성으로 두려움에 빠진 이 세상에 전할 소망의 메시지가 있다.

그러므로 지금이 전도하기 딱 좋은 때다. 모두가 두렵고 외롭기 때문에 복음을 더 잘 받아들일 수 있는 상태다. 영적으로 열려 있는 것이다. 팬데믹 상황은 위기가 아니라 기회다. 앞서 피펏이 제시한 모델을 따라 전도하면 된다. 먼저, 기도하자. 기도는 전도의 문을 여는 열쇠다. 예수님과 전도 대상자 사이에 서 있는 우리에게 지혜를 주시고 전도할 수 있는 담대함을 달라고 기도하자. 그다음으로 전도 대상자와 관계를 맺자. 온라인이든 오프라인이든 서로를 알아가고 대화하면서 인격적 관계를 맺어가도록 노력하자. 귀를 기울여 그들의 이야기를 들어주고 공감을 표현하자. 칭찬하고 격려하면서 친구가 되어주자. 시간을 두고 충분히 교제하면서 삶을 통해 예수님을 드러내자. 사랑과 긍휼을 드러냄으로써 시각적으로 복음을 전하고, 예수님을 소개하고 설명함으로써 언어적으로 복음을 선명하게 드러내자.

릭 워렌은 코로나 팬데믹으로 움츠러든 교회와 성도들에게 이렇게 말했다. "코로나 기간에 교회가 문을 닫았다는 말은 틀렸습니다. 교회는 활짝 열려 있습니다. 주일에 예배드리는 일만 잠시 중단한 것이지 우리는 어느 때보다 더 열심히 전도하고, 제자훈련을 하며, 교제하고 있습니다. 교회는 문을 닫지 않았습니다. 그 어느 때보다 활짝 열려 있습니다." 우리도 이렇게 고백할 수 있기를 바란다.

【소그룹을 위한 나눔】

◆ 스마트폰으로 전도할 수 있는 온라인 전도지나 관련 영상을 제공하는 사이트를 찾아서 공유하라.

예)
• 모바일 전도지

대표적으로 '그리심 모바일 전도지'(https://grisim.co.kr/mobile)가 있다. 원하는 문구와 내용을 담아 모바일 전도지를 제작해주는 사이트다. 제작이 완료되면 전도지 URL을 받아 누구나 쉽게 문자나 카톡으로 전도지를 보낼 수 있다.

• 모자익 메세지

유튜브에서 '모자익 메세지'를 검색하면 다양한 버전의 전도 영상을 볼 수 있다.
http://bit.ly/3qDJVmc

• 교회친구다모여

기독교 소셜 미디어 채널로 복음적인 이미지와 영상 등의 콘텐츠를 제공한다.
https://www.facebook.com/ilikeyoujesus/

• 클릭 전도

디지털과 아날로그를 겸한 전도 방식이다.

https://bit.ly/3xfjJ5e

그 외에 복음을 제시하기에 좋은 콘텐츠가 있는 사이트를 공유하라.

[리더를 위한 점검 질문]　　　　　　　　　　　　　　**네 번째 물맷돌, 전도**

점검 질문	점수
1. 전도는 은사가 있는 사람만 하는 것이 아니라 모두가 받은 사명이라는 것을 소그룹 지체들이 확신하는가?	10
2. 소그룹에서 전도 대상자(태신자)를 위해 함께 기도하며 소그룹이나 가정에 초청하고 있는가?	10
3. 좋은 이웃이 되기 위해 지역사회에서 섬기는 활동을 하는가?	10
4. 지체 누구나 복음의 핵심 내용을 담아 간증할 수 있는가?	10
5. 예배나 성경공부 시간에 초신자나 비신자도 알아들을 수 있는 쉬운 용어를 사용하고 있는가?	10
6. 비신자에게 복음을 전하기 위해 동호회에 참여하거나 비신자를 초청하는 행사를 여는가?	10
7. 소그룹에 처음 방문한 사람과 지속적으로 통화하거나 메시지를 주고받는가?	10
8. 소그룹 번식과 개척을 위한 비전을 품고 기도하며 전도하고 있는가?	10
9. 초신자나 비신자들을 위해 언제든지 소그룹 환경에 변화를 줄 마음이 있는가?	10
10. 우리 소그룹은 비신자들의 의견도 존중하는 분위기인가?	10
총점	100

6부 | 다섯 번째 물맷돌, 계승

건강한 소그룹은
다음 세대를 이어가는 공동체다

【아이스 브레이크】

그리스도인은 예수님처럼 되고 예수처럼 살아가는 사람을 뜻한다. 따라서 모든 그리스도인에게는 예수님과 닮은 구석이 있다. 소그룹에 참여하는 지체들이 서로 친밀해질수록 드러나는 각자의 독특한 모습은 예수님의 모습과 성품을 떠오르게 한다. 이 시간에는 지체들을 한 사람씩 생각하면서 그의 어떤 면이 예수님과 닮았는지 말해보라. 또 어떤 모습을 보고 그 점을 떠올렸는지도 나누어보라.

"당신을 보면 _____ 예수님의 모습이 떠오릅니다."

예)
- 치료자 예수님: 당신은 깊은 연민으로 다른 사람의 삶을 어루만지고 그들이 온전히 회복되도록 돕습니다.
- 상담사 예수님: 당신은 말 못 할 고민이 있는 사람들을 상담해주고 문제를 해결할 실마리를 찾아줍니다.
- 성경 교사 예수님: 당신은 성경을 이해하기 쉽게 가르치고, 그 말씀을 삶에 적용하여 소망을 품게 하며, 은혜를 누리도록 돕는 재능이 있습니다.
- 섬김의 종 예수님: 당신은 낮은 자리에서 묵묵히 일하며 다른 사람들을 섬깁니다.
- 선지자 예수님: 당신은 상대에게 꼭 필요한 말이라면 때로 환영받지 못하더라도 담대히 말하는 용기가 있습니다.
- 선포자 예수님: 당신은 하나님의 비밀을 맡은 종으로서 사람들에게 복음을 선포하며 용기와 감동을 줍니다.
- 임마누엘 예수님: 당신은 어려움을 겪고 있는 사람들을 가까이에서 돕고 함께 문제를 해결해가는 동행자입니다.
- 지도자 예수님: 신실하고 정직한 당신의 탁월한 리더십 때문에 많은 사람이 당신

을 따릅니다.

- 행정가 예수님: 전문성을 갖춘 당신은 계획한 일들을 꼼꼼하게 점검하며 실천합니다.
- 개혁자 예수님: 당신은 불의를 보면 경종을 울리고 정의를 실현합니다.
- 희생양 예수님: 당신은 하나님께 영광을 돌리기 위해 당신이 가진 모든 것을 희생합니다.
- 친구 예수님: 당신은 죄인으로 취급되며 소외당하는 사람들과 함께 먹고 마시며 친구가 되어줍니다.

22장
리더가 준비되는 소그룹

"사과나무의 진정한 열매는 사과가 아니다. 또 다른 사과나무다." 이 말은 무슨 뜻인가? 씨앗 속에 있는 생명력으로 말미암아 땅에 심긴 씨앗에 싹이 돋고 나무로 자라서 다시 열매 맺는 나무가 되는 것이 진정한 열매라는 뜻이다. 이 원리를 교회에 적용해보면 교회의 진정한 열매는 또 다른 건강한 교회를 세우는 것이다. 마찬가지로 소그룹의 진정한 열매는 또 다른 소그룹을 세우는 것이다. 새로운 소그룹을 만들어내는 선교 비전을 품을 때 소그룹이 건강한 기능을 발휘할 수 있다. 그렇다면 어떻게 해야 또 다른 건강한 소그룹을 세울 수 있을까? 이 일은 예비 소그룹 리더를 세워나갈 때 가능하다. 리더는 또 다른 리더를 세울 준비를 해야 한다.

소그룹 사역의 핵심은 잘 준비된 소그룹 리더를 길러내는 것이다. 소그룹 리더가 얼마나 잘 준비된 사람이냐에 따라 소그룹 사역의 질이 결정된다. 리더가 다다른 바로 그 수준까지 소그룹이 성장한다. 그러므로 소그룹에서 아름다운 열매를 맺고 싶다면,

예비 소그룹 리더를 든든히 세울 수 있는 '소그룹 리더 양성 시스템'을 구축해야 한다. 다음 세대 소그룹을 계속해서 이끌어갈 리더를 키워낼 비전과 전략을 세워야 한다.

리더십 훈련 세미나를 여러 번 한다고 해서 소그룹 리더를 키울 수 있는 것이 아니다. 신앙생활을 오래 했다는 이유로 속성 리더십 훈련을 받고 바로 소그룹 리더가 되는 것만큼 위험한 일은 없다. 소그룹 안에서 말씀으로 양육받고, 교회 지체들과 사랑의 교제를 나누며, 서로를 돌보는 공동체를 경험하면서 소그룹의 DNA를 체득한 사람 중에서 리더를 세워야 한다. 또한 말씀을 가르치는 일에 은사가 있고 사람을 세우는 일에 헌신하는 사람을 리더로 세워야 한다. 처음부터 자격을 제대로 갖춘 사람을 찾기는 쉽지 않다. 그러므로 교회는 리더를 세우는 과정을 전략적으로 마련해놓아야 한다.

소그룹 리더가 맡은 중요한 임무는 또 다른 리더를 양육하는 일이다. 소그룹 리더가 혼자 모든 일을 도맡아 충성스럽게 섬기는 것은 전혀 바람직하지 않다. 충성스럽게 헌신하기로 마음먹은 리더도 홀로 모든 일을 감당하다 보면 금방 탈진한다. 소그룹 안에서 할 일과 책임을 나누고 지체들에게 사역을 경험할 기회를 제공해야 좋은 리더다. 이렇게 할 때 사람을 세워나갈 수 있다. 소그룹 리더는 소그룹 안에서 가장 잘 성장할 수 있기 때문이다.

제자훈련을 통해 영적 리더로 잘 준비된 사람도 처음에는 리더 옆에서 견습생으로 지켜보며 도움을 주다가, 새로운 소그룹을 개척하거나 기존의 소그룹이 분립할 때 리더로 세워지는 수순을 밟는 것이 좋다. 그 과정에서 기존 리더가 보인 모범을 직접 경험하고, 강의만으로는 절대 배울 수 없는 많은 것을 몸으로 익히고 습득할 수 있기 때문이다. 또한 지속적으로 리더의 멘토링을 받으며 소그룹 리더로서 갖추어야 할 좋은 태도와 리더십을 눈으로 보고, 직접 실천하면 자신의 것으로 만들 수 있다.

리더십 강의에 종종 등장하는 네 종류의 리더 유형이 있다. 독일의 어느 지역에 전해 내려오는 구분법이라고 한다. 첫 번째 유형은 똑똑하고 부지런한 리더다. 줄여서 '똑부'라고 부른다. 멍청하고 부지런한 리더도 있다. '멍부'라고 한다. 똑똑한데 게으른 리더는 '똑게'라고 한다. 멍청한데 게으른 리더는 뭐라고 할까? '멍게'라고 한다. 그렇다면 '똑부, 멍부, 똑게, 멍게' 중에서 어느 유형이 좋은 리더일까? 반대로 어떤 유형이 나쁜 리더일까?

먼저 최악의 리더는 '멍부'형이다. 멍청한데 부지런하면 뭔가 하는 일은 많은데 일을 제대로 하지 못한다. 괜히 움직여서 본전도 못 찾는 유형이라고 할 수 있다. 이런 리더가 일을 벌이고 열심히 할수록 목표에서 더 멀어진다. 어느 순간 고개를 들고 상황을 파악하면 당황스럽게도 잘못된 곳에 서 있다. "어? 여기가 아닌가 봐!" 그제야 방향을 바꾸고 돌아오려 하지만, 결국 더 많은 힘과 에너지를 낭비하게 된다.

반대로 바람직한 리더 유형은 무엇일까? 단순히 생각하면 똑똑하고 부지런한 '똑부'형이 가장 좋은 리더일 것 같은데 그렇지 않다. '똑게'형이 가장 좋은 리더라고 한다. '똑부'형 리더는 너무 유능한 나머지 지체들이 모두 그를 의존해서 조직 전체가 게을러지기 때문이다. 시간이 지나도 '똑부'형 리더 아래 있는 사람들의 실력이 늘지 않을 수 있다. 똑똑한데 게으른 '똑게'형 리더는 혼자서 모든 일을 하기보다 유능한 지체들에게 책임을 맡겨 효과적으로 일을 하는 유형이다. 전체 업무를 제대로 알고 있지만, 혼자 모든 일을 다 하는 것이 아니라 능력에 따라 적재적소에 사람을 배치하고, 그들을 다독여서 각자의 잠재력을 마음껏 발휘하도록 돕는다. 소그룹 리더는 지체들에게 비전을 공유하고 그들의 은사와 능력에 따라 책임을 나누어주는 '똑게'형이어야 한다. 그러므로 좋은 소그룹 리더를 세우기 원한다면, 먼저 각 지체가 좋은 리더로 세워지는 꿈과 비전을 다 함께 공유해야 한다.

리더를 세우는 일의 중요성

소그룹 리더를 양육하는 과정은 세상에서 말하는 '리더십 파이프라인'과 비슷하다. '리더십 파이프라인'은 조직 내에서 단계별로 요구하는 리더십 내용과 역할을 정의하고, 각 단계에 적합한 리더십을 개발하는 모델이다. 이 모델에 따르면 회사마다 세워놓은 리더 육성 계획에 근거해서 인재를 선발하고, 그들에게 필요한 리더십 역량을 길러주는 체계를 구축해야 한다. 만약 직책에 따른 역할을 명확하게 정의하지 않고 주먹구구식으로 일하면, 리더십 파이프라인은 막히고 기업에는 인재 고갈 현상이 일어난다. 교회가 소그룹 리더를 세우기 원한다면 좋은 훈련생을 선발하고 훈련해서 소그룹 리더로 배치하는 리더십 파이프라인을 구축해야 한다. 각 교회에서 시행하는 제자훈련과 사역훈련 과정이 바로 잘 준비된 리더를 세우는 파이프라인이다.

소그룹 사역에 제자훈련 과정이 굳이 필요하냐고 질문할 수 있다. 군대 체계에 빗대어 설명해보겠다. 소그룹은 마치 사관학교를 졸업한 소대장들이 이끌어가는 소대와 같다. 그리고 제자훈련은 소대장을 양성하는 사관학교와 같다. 제자훈련이 왜 필요하냐는 질문은 "사관학교가 왜 필요한가? 그 엄청난 시간과 비용을 들여 훈련할 필요가 있는가?"라고 묻는 것과 같다. 그저 논산훈련소에서 먼저 훈련받은 125기가 126기를 가르치면 되지 않느냐는 식의 논리로 소그룹 리더를 양성하면, 그 소그룹 체제는 얼마 가지 못해 제 기능을 발휘하지 못할 것이다. 리더는 리더로서 필요한 자질과 역량을 갖추어야 한다. 우리가 하는 일이 그저 패스트푸드 매장처럼 정해진 조리법대로 햄버거를 만들고 컵에 새겨진 눈금에 따라 커피를 제조해 내어놓는 수준의 일이라면, 굳이 많은 시간을 들여 리더를 훈련하지 않아도 된다.

그러나 영혼을 담당하는 일은 패스트푸드를 만드는 일과 같지 않다. 주님은 제자들과 함께 3년을 지내셨다. 그들과 함께 먹고, 자고, 길을 가면서 하나님나라의 비전을 나누셨고, 배운 내용을 삶의 현장에서 실습하게 하셨다. 이것이 전부가 아니다. 그렇게 훈련받은 제자들도 십자가의 피 묻은 복음을 경험하고 성령의 역사를 체험한 뒤에야 하나님의 능력 있는 도구로 쓰임받았다는 사실을 기억하라. 소그룹이 제대로 영향력을 발휘하기 위해서는 평신도를 발굴해야 한다. 그들을 사역의 동역자로 세워가는 질 높은 훈련만이 한국교회를 살리는 길이다. 훈련 없는 소그룹 전략을 경계하라.

소그룹 리더는 지체 중에 소그룹 리더로서 가능성이 있는 사람이 보이면 적극적으로 권유해서 제자훈련에 참여하도록 독려해야 한다. 소그룹 리더를 양성하는 과정에서 제자훈련은 중요하다. 제자훈련이 소그룹이라는 환경에서 사람을 키워내는 과정의 일부이기 때문이다. 미국과는 달리 토론 문화가 생소한 한국에서 세미나나 강의와 같이 일방적으로 지식을 전달하는 형식으로는 리더가 어떻게 소그룹을 이끌어가야 하는지를 전수하기 어렵다. 소그룹 리더는 단순히 가르침을 통해서만 세워지지 않는다. 보여주고 경험하게 해야 한다. 지식을 전달하는 것만으로 사람은 변화되지 않는다. 사람들은 듣는 대로 살지 않고 보는 대로 산다. 건강한 소그룹 사역이 정착되기 위해서는 먼저 소그룹이 무엇인지 보여주고 경험할 수 있는 제자훈련이 선행되어야 한다. 훈련을 통해 원래 의도했던 소그룹의 원형(原形)을 마음 판에 새겨주어야 한다.

소그룹 리더는 제자훈련을 통해 한 지체를 예비 리더로 세워 나가고, 지속해서 멘토링하며, 책임을 나누어 리더십을 발휘할 기회를 주어야 한다. 어떤 사람을 예비 리더로 세울 수 있을까? 소그룹 리더는 일정 기간 소그룹에 소속되어 실제로 그 환경을 경험한 사람이어야 한다. 또한 한쪽으로 치우치지 않는 균형 있는 신앙을 지닌 사람이어야 한다. 아무리 강점을 많이 가졌어도, 치명적인 약점이 있다면 리더로 세울 수 없다. 예를 들어, 열등감이 심한 사람은 소그룹 안에서 선한 영향력을 미치기보다는 악영향을 미칠 가능성이 크다. 또한 예비 리더를 선발할 때는 완성된 모습이 아니라 가능성과 잠재력을 봐야 한다. 소그룹 리더로 자라기까지 시간이 걸릴 수도 있다. 이러한 기준으로 지체를 평가하고, 담임목사나 교구 담당 목회자와 의논하여 확정 짓는 것이 안전하다.

【소그룹을 위한 나눔】

◈ 현재 멘토링을 하는 예비 리더가 있는가? 없다면 가까운 미래에 예비 리더를 세우기로 작정하고 어떻게 멘토링을 할 수 있을지 생각해보라.

◈ 리더가 예비 리더에게 줄 수 있는 자원을 목록으로 작성하라.

◈ 예비 리더에게 도움을 줄 수 있는 사람을 네트워크로 묶어준다면 누구를 소개할지 생각하라. 그리고 네트워크를 통해 예비 리더에게 줄 수 있는 자원이 무엇인지 정리하라.

23장
예비 리더 세우기에 실패하는 이유

소그룹의 성패는 예비 리더를 잘 세우느냐에 달려 있다. 그런데 이 일은 쉽지 않다. 만일 다음 리더를 세우는 일에 실패한다면 소그룹 사역은 큰 어려움을 겪을 수밖에 없다. 그렇다면 예비 리더를 세우는 데 장애가 되는 것은 무엇일까?

첫째, 예비 리더가 너무 많은 일을 맡는 것이다. 이미 교회의 여러 사역에 참여하고 있거나 다른 부서에서 중요한 직책을 맡고 있다면, 당연히 예비 리더로 세우기 어렵다. 교회에 일꾼이 부족하다 보니, 아무리 찾아봐도 예비 리더로 세울 사람이 없는 경우가 많다. 혹시 찾더라도 이미 다른 부서의 중책을 맡아 섬기고 있다. 성도 대부분은 이럴 때 자주 언급되는 사람들 외에는 믿을 만한 사람이 없다고 말한다. 그러다 보니 기존에 다른 사역을 잘하고 있던 사람에게 소그룹 리더 사역을 추가로 부탁한다. 예를 들어, 유치부 부장으로 일하는 집사에게 소그룹 리더를 맡기면 어떻게 될까? 너무 많은 일을 맡은 바람에 양쪽 사역 모두 제대로 감당하기가 어려울 것이다. 유치부에서 섬기는 수십 명의 아이가 소그룹의 소수보다 더 중요하게 여겨져서 소그룹을 섬기는 일에 소홀할 수도 있다.

둘째, 상당수의 리더가 다른 사람에게 사역을 위임하지 않는 것이다. 아니, 위임할 생각이 없는 것이다. 모든 일을 자신이 결정하고 자신이 실행해야 한다고 생각하기 때문이다. 다른 사람에게 일을 맡기는 것을 직무 유기라고 생각한다. 그 밑바닥에는 다른 사람에게 그 일을 해낼 능력이 없다는 생각이 깔려 있다. 젊은 리더에게 자신이 밀려나지는 않을까 걱정하는 마음이 있을 수도 있다. 아니면 리더가 개인적으로 그 일을 너무 좋아하기 때문에 위임을 못 할 수도 있다. 자기가 좋아하는 일을 다른 사람에게 맡기는 것은 쉽지 않다. 예비 리더가 세워지고 어느 정도 훈련을 받았다면 경험을 쌓을 기회를 주어야 한다. 실수하면서 하나둘 배워나갈 것이다. 리더는 자기가 좋아하는 일만 하는 것이 아니라, 다른 사람이 할 수 없는 일을 찾아서 해야 한다.

셋째, 리더가 예비 리더에게 사역을 맡기고는 싶지만 위임하는 방법을 모르는 것이다. 리더 자리를 위임하기 위해서는 예비 리더를 충분히 교육하고 실습할 기회를 많이 주어야 한다. 훈련하지 않고 덜컥 위임하면 사역을 매끄럽게 처리할 수 없다. 리더를 처음 맡는 사람이라면 응당 실수가 잦을 것이고, 더디고 엉성하게 일하기 마련이다. 어떤 일을 맡겼는데 생각보다 결과가 좋지 않다면 원인을 살펴봐야 한다. 실습할 기회를 충분히 주었는지, 제대로 동기를 부여했는지 점검하고 부족한 부분을 채워서 다시 기회를 주어야 한다.

예비 리더를 세우는 일을 방해하는 마지막 장애물은 바로 타이밍을 놓치는 것이다. 소그룹을 너무 급하게 번식했을 때 이런 실수를 할 수 있다. 소그룹이 성장하면 새로운 소그룹이 탄생할 시기가 온다. 이때 적절한 때를 선택해서 번식해야 한다. 소그룹의 규모가 커지면서 지체들을 돌보는 일에 빈틈이 생긴다면 분리해야 할 시기가 온 것이다. 때로는 소그룹 지체들이 매너리즘에 빠져 획기적인 변화를 주기 위해 분리를 생각할 수도 있다. 이때 빼놓을 수 없는 중요한 요소는 리더가 준비되었느냐는 것이다. 그리고 분리하기 전에 지체들이 다 함께 기도하면서 마음의 준비를 해야 한다. 지체들이 마음의 준비를 하지도 않았는데 소그룹을 나누면, 그들이 새로운 리더에 대해 불편한 심기를 표현할 수 있다.

때로는 소그룹을 부흥시키겠다는 생각이 앞서서 아직 번식할 수 있을 만큼 수적으로 성장하지 않았는데 소수의 인원으로 소그룹을 나누는 경우도 있다. 두세 사람으로 편성된 소그룹은 한두 사람만 빠져도 모임을 할 수 없다. 이렇게 되면 소그룹의 역동성이 떨어지고 소그룹 자체가 와해할 수도 있다. 소그룹이 성장하는 것이 아니라 사라져버리는 결과를 초래하는 것이다. 이런 상황에서 소그룹을 처음 맡은 리더가 사태를 수습하기에는 역부족일 수 있다. 그러므로 소그룹을 나눌 때는 시기를 잘 선택해야 한다. 그뿐만 아니라 관계를 중심으로 세심하게 소그룹을 나누어야 한다. 잘 알지도 못하는 사람과 새로운 그룹을 만들라고 강요하면 그나마 모이던 사람들이 나오지 않을 수 있다.

리더를 세우는 일이 소그룹을 살리는 비결이고, 교회를 활성화하는 바른길이다. 잘 훈련된 리더들을 세우고, 그들을 중심으로 건강한 소그룹들이 움직일 때, 교회는 그 시대에 주어진 사명을 거뜬히 감당할 것이다.

【소그룹을 위한 나눔】

◈ 다음 표를 작성하며 예비 리더에 관한 멘토링 계획을 세워보라.

	예비 리더 A	예비 리더 B	예비 리더 C
이전의 경험과 장점	비신자들과 대화하는 것을 좋아함		
리더십의 다음 단계	다음 소그룹 리더 훈련에 참석해야 함		
주어진 과제	소그룹에서 말씀 나눔 시간을 인도함		
필요한 도움	믿지 않는 남편이 리더로 섬기는 것을 허락하도록 기도해야 함		
실행 일정	9월 23일		
확인			

24장
예비 리더를 양성하는 소그룹

소그룹 안에서 예비 리더가 정해졌다면 이제 차근차근 그들을 리더로 세우는 과정으로 넘어가야 한다. 리더는 예비 리더를 세우기 위한 멘토링의 큰 그림을 그리고 있어야 한다. 폴 스탠리(Paul Stanley)와 로버트 클린턴(Robert Clinton)은 멘토링을 이렇게 정의한다. "하나님이 주신 자원들을 나누어서 한 사람이 다른 사람에게 영향을 끼치는 일종의 관계적 경험이다."[1] 밥 빌(Bobb Biehl)의 정의도 도움이 된다. "멘토링은 평생 이어가는 관계 속에서 멘토가 하나님이 프로테제(protege: 멘토의 지도와 가르침을 받아 그를 따르며 본받는 사람으로 멘토링의 객체)에게 주신 가능성을 발견하도록 돕는 것이다."[2] 소그룹에서 예비 리더를 세워갈 때 이런 멘토링의 개념을 적용해보자.

소그룹 리더는 다음 세대 리더를 세우기 위해 지금까지 자기가 쌓아온 신용과 경험, 인간관계를 동원하고, 시간과 물질을 투자하여 리더십을 계승하도록 준비해야 한다. 이처럼 멘토링은 어쩌다 우연히 이루어지는 것이 아니다. 의도적으로 한 사람과 관계를 맺고 그에게 헌신하는 것이다. 그리고 그와 이벤트성으로 한 번만 만나는 게 아니라 장기적으로 관계를 맺는다. 이론으로 맺어지는 관계도 아니다. 함께 경험을 나누는 것이다.

예비 리더를 멘토링하려면 어떻게 해야 할까? 일상에서 멘토링하는 방법이 있다. 자료를 나누는 것이다. 소그룹 리더가 책이나 영상 등을 보고 은혜를 받았다면, 그 은혜를 예비 리더들과 나누면 좋다. 책을 읽고 은혜와 도전을 받았다면 그 책을 소개하거나 빌려주라. 좋은 영상이 있다면 소개하고, 시간이 된다면 함께 보라. 그런 다음 책과 영상의 내용을 주제로 대화를 나누라. "집사님, 지난번에 추천해드린 영상을 보셨나요? 다음 주에 시간이 괜찮으시면, 같이 식사하면서 영상을 보고 어떤 생각을 했는지 나누면 어떨까요?" 은혜받은 것을 함께 나누면 하나님의 역사하심을 목도할 수 있다.

미국에서 빌리 그레이엄(Billy Graham) 이후로 많은 사람에게 인정받고 존경받는 사역자가 있다. 찰스 콜슨(Charles Colson)이다. 닉슨(Nixon) 대통령의 특별보좌관이었던 그는 워터게이트 사건에 연루되어 모든 죄를 뒤집어쓰고 감옥에 갔다. 감옥에 갈 때만 해도 그는 그리스도인이 아니었다. 그가 감옥에 갇혀 있는 동안, 친구들이 그를 위해 오랫동안 기도했다. 그의 친구 중 하나인 톰 필립스(Tom Phillips)가 감옥에 있던 그에게 C. S. 루이스(C. S. Lewis)가 쓴 『순전한 기독교』(Mere Christianity, 홍성사 역간)를 보내주었다. 찰스 콜슨은 그 책을 통해 예수님을 만났고, 출옥한 뒤 정계에 복귀하지 않고 기독교 사역자가 되었다. 그는 '교도소 선교회'(Prison Fellowship)를 설립했는데, 이 단체는 여전히 감옥에 수감된 이들에게 복음을 전하는 일에 힘쓰고 있다. 후에 그는 종교계의 노벨상으로 불리는 템플턴상을 받는다. 책 한 권이 사람의 인생을 뒤바꾼 것이다. 소그룹 리더가 책이나 영상을 하나씩 공유하고, 그것을 주제로 대화하며 받은 은혜를 나누다 보면 예비 리더가 성장하는 모습을 보게 될 것이다. 그러므로 자료를 나누는 것은 참으로 중요하다.

예비 리더를 멘토링하는 또 다른 방법은 인간관계 네트워크를 만들어주는 것이다. 그에게 도움을 줄 수 있는 사람들을 연결해주라. 리더가 예비 리더의 모든 필요를 채워줄 수는 없다. 도움을 주고 싶은 부분이 있는데 리더가 그 분야의 문외한이라면, 그를 도와줄 다른 신실한 그리스도인을 소개해주라. 다른 사람과 연결됨으로 예비 리더는 성장하게 될 것이다.

마지막으로 경험을 함께 나눔으로써 예비 리더를 멘토링할 수 있다. 리더 혼자 모든 일을 다 하다가 힘에 부쳐 나가떨어지지 말고, 예비 리더들과 함께 짐을 나누어 지라. 소그룹 사역을 함께 경험하고 그들의 은사와 잠재력을 드러낼 기회를 주라. 리더의 컨디션이 좋지 않고 소그룹을 이끄는 데 어려움이 있다면 주저하지 말고 예비 리더에게 기회를 주라. 소그룹을 인도하는 방법을 자세히 알려주고 그 일을 감당하도록 격려하라. 그렇게 하면 나중에는 리더가 없어도 그가 그 소그룹을 이끌 능력이 생길 것이다.

리더가 예비 리더의 모든 역량을 길러줄 수는 없다. 소그룹은 교회 공동체라는 큰 울타리 안에서 움직인다. 리더가 되기 위해 필요한 기초 소양은 교회가 제공하는 양육, 훈련 프로그램으로 길러야 한다. 그러므로 소그룹 리더는 교회가 마련한 양육 및

훈련 과정의 큰 그림을 잘 이해하고, 예비 리더에게 필요한 과정을 소개하여 그가 필요한 훈련을 잘 받도록 격려해야 한다.

예비 리더의 리더십을 강화하는 방법

소그룹에서 예비 리더의 리더십을 강화하는 데 도움이 되는 개념이 있다. 데이브 퍼거슨(Dave Ferguson)과 워렌 버드(Warren Bird)가 함께 쓴 『히어로 메이커』(Hero Maker)에서 소개하는 5단계 멘토링 과정이다. 소위 멘토링이나 코칭의 원리를 설명할 때마다 등장하는 단골 이론이다. 기억해두면 많은 도움이 될 것이다.

이해를 돕기 위해 상황을 가정하여 설명해보겠다. 나는 멘토링을 하고 있는 소그룹 리더이고, K는 내게 지도를 받고 있는 예비 리더다. 멘토링 과정의 1단계는 모델의 단계다(I do. You watch. We talk: 나는 하고, 당신은 보고, 우리는 대화한다). 내가 그룹을 이끌고 K는 그저 지켜보는 것이다. K는 내가 교재를 어떻게 사용하여 인도하는지, 지체들과 어떤 방식으로 상호 작용하는지 보기만 하면 된다. 이 단계를 통해 K는 리더가 소그룹을 인도하는 방식과 특정 상황에 대처하는 방법을 관찰한다. 모임이 끝나고 나서 나와 K는 따로 만나 대화를 나눈다.

두 번째는 멘토의 단계다(I do. You help. We talk: 나는 하고, 당신은 돕고, 우리는 대화한다). 이 단계에서는 내가 소그룹을 인도할 때 K는 옆에서 도와준다. 그리고 모임 후에 대화를 나눈다. 이 단계를 실행하는 첫걸음은 K에게 부탁하는 것이다. "제가 도움이 좀 필요한데, 저를 도와주시겠어요?" 처음에는 힘들지 않은 일, 기술이 크게 필요하지 않은 가벼운 일을 맡기는 것이 좋다. 소그룹 모임의 찬양 시간이나 기도 제목을 나누고 함께 기도하는 시간을 인도해달라고 부탁한다. K는 이 경험을 통해 소그룹 모임의 일부 순서를 이끌 준비가 된다. 이렇게 일부를 K에게 맡겨서 그가 소그룹을 인도하는 데 자신감을 얻도록 돕고, 사역을 경험할 기회를 주며, 그에 대한 피드백을 줄 수 있다.

세 번째는 모니터의 단계다(You do. I help. We talk: 당신이 하고, 나는 돕고, 우리는 대화한다). 수개월 동안 K에게 소그룹을 이끌 수 있도록 예비 리더 훈련을 하고, 그가 혼자 소그룹을 이끌 준비가 되었다고 판단되면, 한 달에 한두 번 정도 소그룹을 인도해달라고 부탁한다. "이제는 K가 한번 모임을 인도해보세요. 걱정하지 마세요. 제가 옆에서 돕겠습니다." 리더의 역할과 옆에서 돕는 역할을 바꾸는 것이다. 시간이 지날수록 K에게 소그룹에 대한 책임이 더 많이 주어질 것이다. K에게 소그룹 모임의 일부를 맡길 때 기억해야 할 점이 있다. 이러한 일들이 좋은 소그룹 리더가 되기 위해 필요한 과정이라고 말해주고, 지시가 아니라 부탁하는 자세를 취해야 한다는 것이다. 그리고 기회가 있을 때마다 건설적인 피드백을 주어야 한다.

네 번째는 동기 부여의 단계다(You do. I watch. We talk: 당신이 하고, 나는 보고, 우리는 대화한다). 이 단계에서는 K가 소그룹의 모든 시간을 인도하고 나는 거리를 두고 지켜본다. "걱정하지 마세요. 당신이 성공하기를 바라는 마음으로 옆에서 적극적으로 지지하고 응원하겠습니다." 모임이 끝난 뒤에는 따로 시간을 내서 K와 이야기를 나누어야 한다. 카페처럼 이야기하기에 편안한 곳에서 만나기를 추천한다. 이때 나누는 대화는 매우 중요하므로 이 만남을 절대 빠뜨려서는 안 된다.

마지막이자 다섯 번째는 배가의 단계다(You do. Someone else watches: 당신이 하고, 누군가가 지켜본다). K가 어느 정도 준비되고, 소그룹 인원이 너무 많아져 분리할 때가 되면 이 단계로 넘어갈 수 있다. "너무 두려워하지 마시고, 지금까지 제가 가르쳐드렸던 대로 다른 사람을 가르쳐보세요." K는 이제 리더가 되어 소그룹을 이끌고, 또 다른 예비 리더를 세워서 동일한 단계에 따라 가르친다. 여기서부터 멘토링의 새로운 주기가 시작된다. 이 다섯 단계가 이루어지는 기간은 사람마다 다르다. 예비 리더가 얼마나 빨리 배우느냐에 달려 있다.

누군가에게 사역을 맡기려면 먼저 그가 그것을 감당할 준비가 되게 하라. 역량을 키워주지 않고 무조건 맡기면 상대는 당황하기 마련이다. 어떻게 해야 할지 매뉴얼을 손에 쥐여주고, 소그룹 인도하는 데 필요한 기술을 가르치며, 실습으로 자신감을 심어준 뒤 일을 맡겨야 한다. 한 예비 리더가 자신을 이끌어준 멘토에게 이런 편지를 보냈다.

"지적하기보다 포용하고, 사랑과 온유로 기도하며, 인내로 가르치고 기다리시는 목사님. 그와 너무나 닮은 모습으로 가까이에서 도와주시는 순장님. 이제는 제가 다른 이들의 본이 되어야 하는 순장의 직분을 맡고 있습니다. 보고 배우며 시나브로 제 안에 스며든 사랑의 유전자들을 잘 깨워, 순원들을 향한 사랑과 교회를 향한 충성과 이웃을 향한 섬김을 실천하는 하나님나라의 일꾼으로 쓰임받기를 원합니다."(평택대광교회 황○○ 순장)

언젠가 예비 리더는 소그룹 리더로 파송받고 자신을 이끌어 준 멘토에게 감사의 편지를 보낼 것이다. 이 편지를 받는 소그룹 리더는 얼마나 행복할까!

【소그룹을 위한 나눔】

◈ 멘토링 점검

"또 네가 많은 증인 앞에서 내게 들은 바를 충성된 사람들에게 부탁하라 그들이 또 다른 사람들을 가르칠 수 있으리라"(딤후 2:2).

위의 말씀을 읽고 다음과 같이 나누라.
1. 당신의 멘토는 누구인가? 누구의 도움을 받으며 영적으로 성장했는가?
2. 지금 당신은 누구를 멘토링하고 있는가? 그에게 무엇을 가르쳐주고 싶은가?
3. 아래 도표를 보면 멘토링의 네 가지 영역이 있다. 각 영역에 해당하는 사람을 적어보라. 떠오르는 사람이 없다면, 그 분야에서 멘토링의 관계를 개발할 필요가 있다.

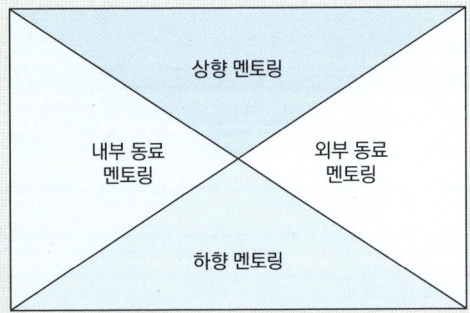

- 상향 멘토링: 내 인생에 아름다운 꽃이 피기를 원하며 시간과 경험을 나눠주는 멘토.
- 하향 멘토링: 내가 누군가의 인생을 귀하게 여기고 그를 위해 도움을 주고 있는 멘티.
- 외부 동료 멘토링: 나와 전문 분야가 다른 사람으로서 내가 미처 보지 못하는 관점을 제시하여 도움을 주는 친구.
- 내부 동료 멘토링: 나의 전문 분야에서 도움을 주고 의지할 수 있는 동료.

25장
GROW 모델을 활용한 코칭

예비 리더를 실제로 도우려면 코칭 기법이 필요하다. 멘토링과 코칭이라는 개념은 조언을 통해 누군가가 성장하도록 돕는다는 점에서 비슷하다. 이 둘을 칼로 무 자르듯 구분하기는 쉽지 않다. 차이가 있다면 멘토링은 멘토가 오랫동안 쌓아온 경험, 지식, 신뢰를 근거로 가르치는 데 강조점이 있고, 코칭은 도움을 받는 사람 스스로가 문제를 해결할 수 있도록 돕는 데 강조점이 있다. 멘토가 도움을 주기 위해 한발 앞서간다면, 코치는 어깨동무하며 같이 걸어간다. 코치는 멘토처럼 특정한 영역의 지식이나 역량이 없어도 된다. 그러므로 예비 리더를 교육할 때 멘토링과 코칭 둘 다 필요하다.

　소그룹 리더는 운동선수를 훈련하는 코치와 같다. 예비 리더를 세우는 일에서 리더는 좋은 코치의 역할을 감당해야 한다. 코칭에서 리더의 가장 중요한 무기는 질문이다. 적절한 질문을 던져서 생각하게 하고, 스스로 결정하게 하며, 그에 따라 행동하도록 도전해야 한다. 예비 리더가 하나님께 받은 은사를 활용하여 좋은 리더로 성장하도록 돕는 것이다.

　소그룹 리더는 코치로서 예비 리더의 이야기를 적극적으로 들어주어야 한다. 잘한 일을 축하하고 격려하며, 좋은 리더로 쓰임받기 위한 구체적인 계획을 세우도록 돕는다. 또한 리더로서 부족한 영역이 있다면 필요한 역량을 갖추도록 도와야 한다.

　소그룹 리더가 예비 리더를 돕는 도구로 유용하게 쓸 수 있는 전략적 질문이 있다. 4단계로 이루어진 'GROW 코칭 모델'을 사용하여 코칭 대화를 하는 것이다. 리더와 예비 리더가 개인적으로 만날 때 어떻게 대화를 이끌어갈지 살펴보자.

　첫 번째 단계는 목표(Goal) 설정이다. 예비 리더가 이루고자 하는 목표를 찾고, 대화가 끝난 뒤 어떤 일이 일어나기를 기대하는지 함께 이야기하는 단계다. 코칭을 통해 얻고자 하는 것을 구체적으로 정의하는 과정은 예비 리더가 대화에 적극적으로 참여하도록 이끌어주고, 대화를 나누는 것에 긍정적인 기대감을 심어준다. 이때 리더와 예비 리더가 함께 목표를 세워야 한다. 일방적으로 리더가 결정하고 끌고 가서는 안 된다. 아래에 제시된 것과 같이 예비 리더가 미래에 이루어지기를 구체화하는 질문을 던지라. 이 대화를 통해 그날 나눌 대화의 주제와 목표를 정할 수 있다.

- 오늘 무엇에 관한 이야기를 나누고 싶으세요?
- 대화를 통해 어떤 일이 일어나기를 바라세요?
- 어떤 리더가 되고 싶으세요?
- 당신이 이루고자 하는 목표는 무엇인가요?
- 무엇을 보고 이 목표가 이루어졌다고 할 수 있을까요?

- 하나님이 당신을 통해 정말 원하시는 것은 무엇일까요?

두 번째 단계는 현실(Reality) 인식이다. 1단계에서 리더와 함께 정한 주제에 관한 현재 상태를 객관적으로 확인하는 단계다. 목표를 정했다면 그 목표와 비교하여 예비 리더가 현재 어떤 상태인지 구체적으로 알아보아야 한다. 여기서 '현실 인식'이라는 말은 중립적인 표현이지만, "현재 제 상태는 이렇습니다. 그래서 만족하지 못합니다. 그래서 불편하고 어렵습니다"라는 고민을 자유롭게 털어놓는 것을 의미한다. 이때 근거 없는 가정은 피하는 것이 좋다. 필요하다면 팩트 체크도 해야 한다. 주제를 벗어나서 불만족한 현재의 상태만을 너무 길게 이야기한다면, 자연스럽게 다른 질문을 해서 이야기를 중단하는 것도 좋다. 이렇게 두 번째 과정을 통해 목표와 현실 사이의 간극을 인식할 수 있다. 현실 인식에 관한 질문은 다음과 같다.

- 이 주제와 관련하여 현재 당신의 상태는 어떤가요? 현재 당신에게 일어나는 일 중 이 주제와 관련된 것이 있나요?
- 현재 당신의 모습을 무엇에 비유할 수 있을까요?
- 현재 당신의 모습은 10점 만점에 몇 점을 줄 수 있을까요?
- 원하는 모습과 지금 모습에는 어떤 차이가 있나요?
- 예수님은 지금 당신의 모습을 보고 어떤 조언을 하실까요?

세 번째 단계는 대안(Options) 탐색이다. 2단계에서 자신이 가기를 원하는 곳이 '저곳'인데 현재 '이곳'에 있다는 것을 확인하고 목표와 현실 사이의 차이를 인식했다면, 이제는 그 간격을 메우는 데 필요한 대안을 탐색하는 것이다. 원하는 상태와 목표에 도달하기 위해 구체적으로 무슨 행동을 해야 하는지 찾아야 한다. 이때 두 사람은 지금까지 굳게 고수해왔던 패러다임에서 벗어나야 한다. 새로운 관점에서 문제를 바라보며 다양한 대안을 제시하고 토의해야 한다. 이 과정을 통해 예비 리더는 합리적이고 현실적인 대안을 발견할 수 있고, 목표를 달성하기 위해 보다 명확한 행동 지침을 세우게 된다.

- 목표를 이루기 위해 당신은 어떻게 마음먹고 있나요?
- 목표를 이루기 위해 어떤 생각을 해야 할까요?
- 목표를 이루기 위해 어떤 방법들이 필요한가요?
- 한 번도 해보지 않은 방법 중 가능성이 있는 대안은 무엇인가요?
- 이 대안 중에 가장 중요한 것은 무엇인가요?
- 꼭 해보고 싶은 일이 있는데 주저하고 있는 것이 있나요?
- 생각은 하고 있는데 실행해보지 않은 것이 있다면 무엇인가요?

마지막 네 번째 단계는 의지(Will)를 확인하는 단계다. 이제 무엇을 실행에 옮길지 행동 계획을 세워야 한다. 행동의 변화가 없다면 목표와 현재 사이의 간격은 줄어들지 않는다. 행동에 옮기는 것을 방해하는 장애물이 무엇인지 확인하고, 구체적인 단계와 시간을 정한다. 마지막 단계에서는 실천을 다짐하고, 함께 나누었던 대화 전체를 대략 정리하는 시간이 필요하다.

- 오늘 나눈 이야기 중에서 가장 먼저 쉽게 실천해볼 수 있는 것은 무엇인가요?
- 그중에서 가장 결정적인 행동은 무엇이라고 생각하나요?
- 오늘 당장 집에서 할 수 있는 일은 무엇인가요?
- 그 대안을 실행하기 위해 이번 주에 무엇을 하겠나요?
- 그것을 언제부터/ 언제까지/ 어디서/ 어떻게 할 것인가요?
- 이것을 실행하기 위해 어떤 다짐의 말을 해볼 수 있을까요?
- 오늘 대화를 통해 새롭게 깨달은 것이 있나요?

이 4단계 모델은 개인적인 코칭뿐만 아니라 소그룹에서도 사용할 수 있다. 이 질문에 대해 논의해도 좋고, 큰 종이에 도표를 만들고 단계별 질문에 대한 각자의 생각을 포스트잇에 적어서 붙여놓고 의견을 나누는 것도 유익하다.

GROW 코칭 모델을 통해 예비 리더와 목표가 뚜렷한 대화를 나누고, 결단한 것을 실행하는 능력을 높일 수 있기를 바란다. 이런 코칭 과정의 핵심은 예비 리더가 스스로 설 수 있도록 돕는 것이다. 예비 리더가 자신의 우선순위와 행동 계획을 말로 표현할 수 있도록 도우라. 그리고 스스로 내린 결정과 계획에 대해 하나님께 책임 의식을 갖게 하라. 전략적 질문에 관한 자세한 내용은 존 휘트모어(John Whitmore)의 『성과 향상을 위한 코칭 리더십』(*Coaching for Performance*, 김영사 역간)을 참고하라.

【소그룹을 위한 나눔】

◆ 예비 리더에게 영적인 도전을 주는 질문

예비 리더를 만나는 시간에 다음과 같이 질문하여 그의 영적 상태를 점검하고, 영적으로 성장할 수 있도록 도전하라.

- 당신과 예수 그리스도의 관계는 어떤가요?
- 당신과 배우자의 관계는 어떤가요?
- 당신이 하고 있는 사역에 대해 어떻게 느끼고 있나요?
- 이번 주에 당신을 유혹한 것은 무엇이었나요?
- 이번 주에 당신을 가장 기쁘게 한 일은 무엇이었나요?
- 살아오면서 당신을 힘들게 한 일은 무엇이었나요?
- 당신의 믿음을 다른 사람들과 어떤 방식으로 나누었나요?
- 무엇이 당신을 크게 실망시켰나요?
- 당신의 삶에서 무엇이 가장 중요하다고 생각하나요?
- 당신은 다른 사람들을 사랑으로 섬기고 있나요?
- 당신은 앞으로 5년 후, 10년 후에 무엇을 할 것인가요?
- 하나님이 당신에게 주신 소명을 이루기 위해 제가 어떻게 도울 수 있을까요?

26장
소그룹을 번식하는 지혜

소그룹을 번식할 때 사용하는 몇 가지 방법이 있다. 스티븐 오거니(Steven Ogne)와 토머스 네블(Thomas Nebel)은 『리더를 세우는 코칭』(*Empowering Leaders through Coaching*, 국제제자훈련원 역간)에서 소그룹 번식 모델을 다섯 가지로 정리했다. 여기서 기존 리더는 X, 예비 리더는 A라고 표기하여 설명하기로 하자.

1) 분가: 기존 소그룹의 인원이 10명을 넘어서면 지체를 반으로 나누어 두 개의 새로운 소그룹으로 번식한다.

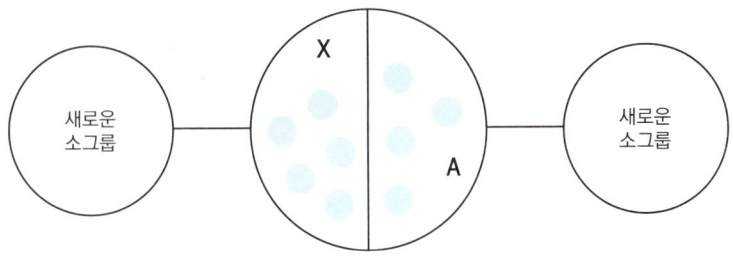

2) **그룹 개척**: 소그룹의 인원이 10명을 넘어서면 그중에 훈련된 예비 리더와 다른 지체 두 명이 새로운 소그룹을 시작하는 방법이다. 새로운 소그룹으로 이동한 사람들이 그 그룹의 핵심 지체가 되는 것이다.

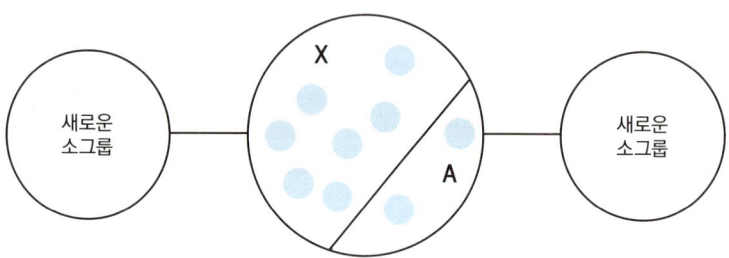

3) **변형된 그룹 개척**: '그룹 개척'과 반대되는 모델이다. 이 경우에는 예비 리더에게 소그룹을 맡기고, 기존의 리더가 다른 두 명의 지체와 함께 새로운 소그룹을 시작하는 것이다. 예비 리더가 기존의 소그룹을 맡으면 이미 관계가 세워진 지체들과 소그룹을 꾸려가기 때문에 비교적 안정적이라는 장점이 있다.

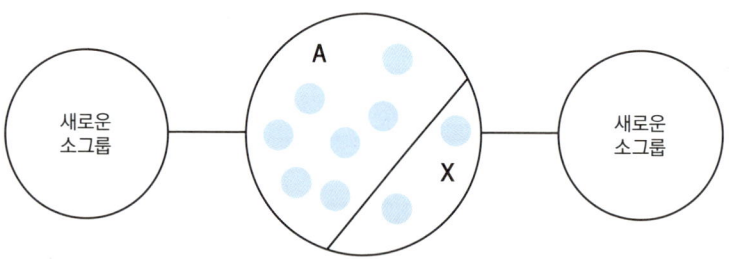

4) **단독 개척**: 훈련된 예비 리더가 소그룹에서 파송받아 새로

운 소그룹에 참여할 사람들을 교회 안에서 모으는 방법이다. 물론 반대의 경우도 가능하다. 예비 리더가 기존 소그룹을 물려받고 리더가 새로운 소그룹을 개척하는 것이다.

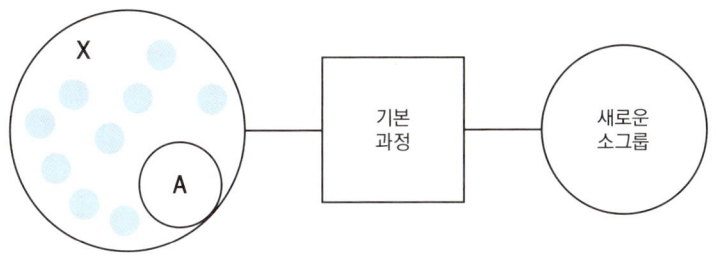

5) **점진적 분리**: 소그룹 인원이 15명을 넘어갈 때, 처음에는 같은 장소에서 모이지만, 얼마 동안은 한 지붕 두 소그룹 체제를 유지하는 것이다. 시간이 흐른 뒤 독립된 소그룹으로 정착하게 하는 방법이다.

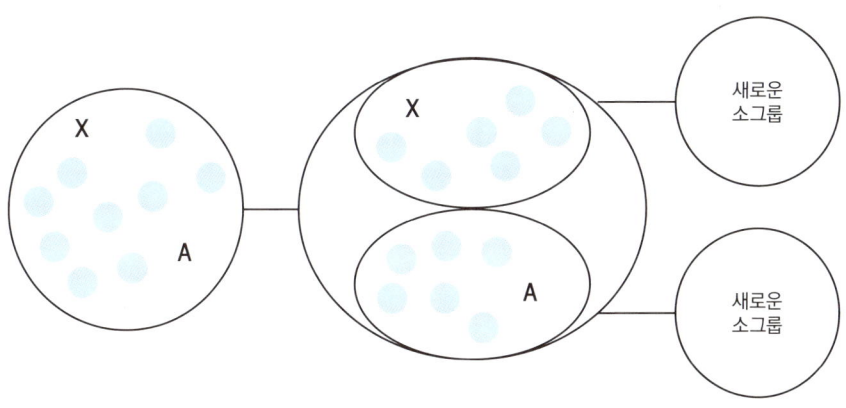

6) 여기에 한 가지를 더 소개하자면, 교회의 모든 소그룹을 **전면 개편**하는 방법이 있다. 모든 소그룹을 헤쳐서 새로운 멤버로 다시 편성하는 것이다. 교회 안에는 지치고 성장이 멈춘 소그룹이 있게 마련이다. 2-3년에 한 번씩은 전체 소그룹을 일률적으로 다시 편성해서 소그룹을 병들게 하는 요소들을 정리하고 재부팅하는 것도 좋은 방법이다.

단지 소그룹의 인원수가 늘었다고 해서 번식하면 안 된다. 새로운 리더를 준비시키고 그가 그룹을 인도할 수 있다는 판단이 설 때 시작하라. 당장의 필요 때문에 번식하거나 소그룹 숫자를 늘려 인위적인 성장을 꾀한다면, 소그룹 지체들은 이것을 부정적인 경험으로 받아들이기 때문에 나중에 큰 문제가 될 수 있다.

소그룹을 번식하기 적어도 2개월 전에는 예비 리더와 함께 새로운 소그룹에 참여할 사람들의 명단을 작성해야 한다. 그리고 소그룹 리더와 코치(또는 교구장), 교역자가 함께 어떻게 소그룹을 나눌 것인지 결정해야 한다. 소그룹 모임에서 성경 공부 시간은 번식하기 1개월 전부터 기존 리더와 예비 리더가 따로 인도한다. 하지만 이 시간을 제외한 다른 순서는 함께 모여도 좋다. 이 시기에 예비 리더는 명단에 있는 지체를 개인적으로 만나 새로운 소그룹의 비전을 나누며 함께 소그룹을 세워나갈 것을 요청한다. 정해진 날이 되면 소그룹을 번식하고, 그다음부터는 서로 다른 장소에서 모임을 한다. 번식하는 날에는 온 교회가 함께 새로운 소그룹의 탄생을 축하하며 축복하는 시간을 마련하라. 번식 후 1개월 뒤에는 두 소그룹이 다 같이 만나 파티를 하는 것도 좋다.

새로운 리더를 돌보라

새로운 소그룹이 탄생하고 새로운 리더가 세워진 뒤에도 그를 지속해서 돌보아야 한다. 이때 교회는 리더를 돕기 위한 소그룹 관리 시스템을 마련해야 한다. 한 명의 리더가 온전히 세워지려면 정기적이고 지속적인 훈련도 필요하다. 목회자는 소그룹 리더와 만나는 시간을 목회의 우선순위에 놓고, 이런저런 이유로 뒤로 미뤄서는 안 된다. 매주 만나서 소그룹 인도 지침을 가르치고, 리더로서 필요한 영적인 힘을 공급해야 한다. 봄가을 사역을 시작하기 전에 리더 수련회를 여는 것도 좋다. 목회자는 개인적인 만남과 훈련, 수련회, 강의 등을 통해 리더들과 목회 비전을 공유하고, 리더들이 스스로 부족하다고 느끼는 영역을 성장시킬 수 있도록 소그룹 리더십, 성경을 가르치는 원리, 상담 기법, 이단 대처법 등을 가르쳐야 한다.

소그룹 리더를 세워놓고 돌보지 않으면, 사사 시대와 같은 결과를 낳을 것이다. "각기 소견에 옳은 대로 행하였더라"(삿 21:25). 각자 보기에 좋은 대로 행했던 사사 시대처럼 리더의 신앙 배경에 따라 다양한 형태의 소그룹이 난무하게 될 것이다. 경쟁 심리에 불이 붙어 부서 이기주의가 판을 치고, 결국 교회가 기대하던 소그룹이 아닌 파벌이 등장할 수밖에 없다. 이런 소그룹은 건강한 교회를 세우고자 했던 본래 의도에서 벗어나 교회를 무너뜨리는 부정적 역할을 한다. 긍정적이든 부정적이든 소그룹은 힘이 있기 때문이다.

【소그룹을 위한 나눔】

◈ 다음 질문에 답하며 소그룹 사역을 성찰해보라.

1. 어떻게 하면 지체들에게서 사역에 대한 열정과 잃은 자를 불쌍히 여기는 마음을 끌어낼 수 있을까?

2. 어떻게 하면 리더들이 대계명(마 22:37-40)과 대사명(마 28:18-20)을 완수하도록 도울 수 있을까?

3. 멘토링 사역을 통해 상대에게 더 많은 자원을 제공하고, 인정함으로 세워주며, 가시적인 열매를 맺으려면 어떻게 해야 할까?

4. 소그룹 리더들이 받는 돌봄과 코칭을 발전시키기 위해 나는 무엇을 할 수 있을까?

5. 예비 리더들을 키워내고 새로운 소그룹들을 탄생시키기 위해 나는 무엇을 할 수 있을까?

27장
성공이 아니라 섬김이다

일제강점기, 헐벗고 고통받던 시절에 검정 고무신과 무명 한복을 입은 한 여인이 전라도 일대를 한 달여간 순회한 뒤에 이런 글을 남겼다. "이번에 만난 여성 500명 중 이름이 있는 사람은 열 명뿐입니다. 1921년, 조선 여성들은 이름 없이 큰년이, 작은년이, 언년이, 간난이, 개똥이 등으로 불립니다. 이들에게 이름을 지어주고 글을 가르쳐주는 것이 저의 가장 큰 기쁨입니다." 간호 선교사로 조선에 온 엘리자베스 요한나 쉐핑(Elisabeth Johanna Shepping, 1880-1934) 선교사가 남긴 기록이다. 그녀는 느리고 평온하게 주님과 함께 살기 원하는 뜻을 담아 자신의 이름을 '서서평'으로 바꾸고, 조선인과 똑같이 먹고 마시며 생활했다. 부유한 나라에서 간호사 교육까지 받은 그녀는 사람들 위에 군림하지 않았다. 마땅히 누릴 수 있는 권리를 포기하고 자신의 능력과 재산을 사용하여 사람들을 섬겼다.

당시 조선의 상황은 말할 수 없을 정도로 가난했고 수시로 전염병이 창궐했다. "한 달 동안 500명의 여성을 만났는데, 성한 사람은 하나도 없었고, 굶주리고 병들었거나 소박을 맞아 쫓겨났거나 다른 많은 고통을 겪고 있었습니다." 서서평 선교사가 활동했던 시기의 조선이 얼마나 어두웠는지 보여주는 대목이다. 그런 시대에 그녀는 한복을 입고 된장국을 먹으며 조선인처럼 살았고, 같은 조선인도 멸시했던 고아와 과부와 나병 환자를 먹이고 교육하며 헐벗은 사람들 속으로 들어갔다. 그녀는 '조선인의 친구'가 아니라 '조선인'으로 살았다.

54세를 일기로 병에 걸려 생을 마감할 때, 그녀에게 남은 것은 담요 반 장, 강냉이가루 두 홉, 동전 일곱 개가 전부였다. 그녀가 남기고 간 침대에는 이런 글귀가 적혀 있었다. "Not Success but Serve(성공이 아닌 섬김)."

소그룹 리더는 섬김의 자리로 부름받았다. 그런데 당신은 사람들을 섬기고 있는가? 섬김을 받기 위함이 아니라 섬기러 오신 예수 그리스도를 보면, 리더로서 어떻게 섬겨야 하는지를 배울 수 있다. 예수 그리스도는 만나는 사람들을 사역의 대상으로만 대하지 않으셨다. 지상에 계시는 동안 하나님나라를 이루기 위해서라도 사람을 수단으로 여기지 않으셨다. 예수님의 목적은 사람 자체였다. 예수님의 머리에는 이웃들이 아파하는 현실에 관한 깊은 이해가, 그분의 눈에는 뜨거운 눈물이, 그분의 가슴에는 어떤 불의한 상황에도 뛰어들 용기가 있었다. 이것은 섬기는 자의 인격에 반드시 담겨야 할 내용이다.

당신의 인생이 사람들에게 어떻게 기억되기를 바라는가? 하버드대 교수이자 미국 경제학회 회장이었던 조셉 슘페터(Joseph Schumpeter)는 66세 때 이런 질문을 받았다. "당신은 죽은 뒤 어떤 사람으로 기억되기를 바랍니까?" 그는 이렇게 대답했다. "나는 대여섯 명의 우수한 학생을 일류 경제학자로 키운 교사로서 기억되기를 바랍니다. 이제 나도 책이나 이론으로 기억되는 것만으로는 충분하지 않다는 것을 알 만한 나이가 되었지요. 사람의 삶을 진정으로 변화시킬 수 없는 책이나 이론이라면 아무런 소용이 없다는 것을 알았습니다."

그리스도인에게 의미 있는 삶이란 주님이 내게 붙여주신 한 사람을 사랑하고 그의 인생이 아름답게 꽃피우기를 기대하며 섬기는 것이다. "또 네가 많은 증인 앞에서 내게 들은 바를 충성된 사람들에게 부탁하라 그들이 또 다른 사람들을 가르칠 수 있으리라"(딤후 2:2). 충성된 사람에게 다음 세대를 이어가도록 부탁하는 삶은 절대 헛되지 않다.

박용재 시인은 이렇게 노래한다. "사람은 무언가를 사랑한 부피와 넓이와 깊이만큼 산다. 그만큼이 인생이다." 이 세상은 사랑으로 인해 존재한다는 것이다. 그 사랑이 행동으로 옮겨질 때 섬김으로 나타난다. 소그룹 리더로 부름받은 것은 사랑하라는 것이고 섬기라는 것이다. 당신의 섬김으로 이 세상은 존재한다.

사람은 사랑한 만큼 산다

박용재

사람은 사랑한 만큼 산다
저 향기로운 꽃들을 사랑한 만큼 산다
저 아름다운 목소리의 새들을 사랑한 만큼 산다

숲을 온통 싱그러움으로 만드는 나무들을 사랑한 만큼 산다
사람은 사랑한 만큼 산다
이글거리는 붉은 태양을 사랑한 만큼 산다
외로움에 젖은 낮달을 사랑한 만큼 산다
밤하늘의 별들을 사랑한 만큼 산다
사람은 사람을 사랑한 만큼 산다
홀로 저문 길을 아스라이 걸어가는
봄, 여름, 가을, 겨울의 나그네를 사랑한 만큼 산다
예기치 않은 운명에 몸부림치는 생애를 사랑한 만큼 산다
사람은 그 무언가를 사랑한 부피와 넓이와 깊이만큼 산다
그 만큼이 인생이다

【소그룹을 위한 나눔】

◆ 세족식
소그룹 지체가 모두 돌아가면서 세족식을 하고 함께 기도하라. 소그룹이 남녀로 이루어져 있다면, 동성으로 그룹을 나눠서 진행하라.

준비물
대야, 미지근한 물, 수건

순서

1. 성경 낭독
   요한복음 13:1-11

2. 설명
   "요한복음 본문에는 예수님이 제자들의 발을 씻기시는 장면이 나옵니다. 당시 오랜 구약 전통에서 볼 때 발을 씻는 관습은 보통 종이 수행하며, 심지어 유대인 종에게도 너무 천한 일로 여겨져 비유대인 종에게 맡겼을 정도입니다. 발을 씻겨준다는 것은 그만큼 비천한 종, 노예의 신분으로 자신을 낮추는 것을 의미합니다. 그런데 예수님이 제자들의 발을 씻겨주십니다. 베드로의 반응을 보면 알 수 있듯이, 이것은 당시 문화에서 매우 파격적인 일이었습니다.
   이제 예수님처럼 낮아지고 다른 이를 섬기는 마음으로 세족식을 하겠습니다. 어떻게 해야 내가 만나는 사람의 나이, 지위, 경제력, 관계를 막론하고 예수님처럼 낮아지며 섬길 수 있을지 하나님 앞에서 잘 생각하면서 임하기를 바랍니다."

3. 세족식 진행

1) 앉을 의자, 수건, 대야에 미지근한 물을 담아 준비한다. 이때 물의 온도가 중요하다. 너무 차갑거나 뜨거운 물을 담아놓고 달려드는 것은 섬김이 아니다.
2) 지체가 의자에 앉으면 리더는 대야를 그의 발 앞에 놓고 지체의 양쪽 발을 대야에 담근다.
3) 지체의 발을 붙잡고 잠시 기도한 후 씻는다. 이때 형식적으로 대충 물만 몇 번 끼얹고 끝내서는 안 된다.
4) 발을 씻은 후 수건을 바닥에 깔고 그 위에 지체의 발을 올려놓는다.
5) 마른 수건으로 정성껏 지체의 발을 닦아준다.
6) 서로 포옹하며 축복의 메시지를 전한다.

4. 나눔

모든 지체가 돌아가면서 느낀 점을 나눈다.

5. 기도회

모든 지체가 돌아가면서 한 마디씩 기도한다.

[리더를 위한 점검 질문]　　　　　　　　　　**다섯 번째 물맷돌, 계승**

점검 질문	점수
1. 소그룹 안에서 다음 세대 소그룹을 이끌 예비 리더들이 준비되고 있는가?	10
2. 소그룹 리더를 양성하기 위해 교회에서 제자훈련을 실시하고 있는가?	10
3. 교회가 소그룹 리더를 위한 모임을 정기적으로 열고 리더들을 돌보고 있는가?	10
4. 소그룹 번식을 목표로 세우고 그 일에 필요한 예비 리더를 키우고 있는가?	10
5. 리더가 예비 리더에게 소그룹을 인도할 기회를 주거나 소그룹 사역의 일부를 위임하는가?	10
6. 리더가 예비 리더를 정기적으로 만나 개인적인 삶과 소그룹 사역에 대해 멘토링을 하고 있는가?	10
7. 소그룹의 모든 지체에게 리더로 섬기는 사역에 대한 비전을 공유하며 도전하는가?	10
8. 교회는 리더가 소그룹을 이끌어가는 데 필요한 역량을 갖추도록 훈련하고 가이드라인을 제공하는가?	10
9. 예비 리더가 교회에서 운영하는 제자훈련에 참여하고 있는가?	10
10. 새로운 소그룹이 탄생할 때 교회가 축제 분위기로 다 함께 축하하는가?	10
총점	100

나가는 말

소그룹은 삶의 연습장이다

예수님이 제자를 부르시고 세우신 목적은 두 가지다. 하나는 자신과 함께 있게 하기 위해서였고, 다른 하나는 보내시기 위해서였다(막 3:14-15). 예수님은 학교에서처럼 일방적으로 지식을 전달하는 방식으로 제자들을 가르치지 않으셨다. 삶에서 함께 경험하게 함으로써 가르치셨다. 예수님이 본을 보여주시면 제자들이 따라 하는 방식으로, 삶의 현장에서 이루어지는 훈련이었다. 예수님을 따라 사는 제자의 삶은 책상머리가 아닌 삶의 현장에서 전수되어야 한다. 소그룹은 예수님의 가르침을 우리의 삶에 구체적으로 적용하는 자리다. 그 안에서 자신의 연약하고 부족한 모습을 드러내면서 서로 인내를 배우고 용서를 배우게 된다.

소그룹 안에서 이런 일들이 일어나려면 리더가 잘 준비되어야 한다. 앞에서 다룬 다섯 가지 물맷돌을 다시 살펴보고, 각 영역마다 자신의 점수를 매겨보라.

〈다섯 가지 핵심 요소 평가〉

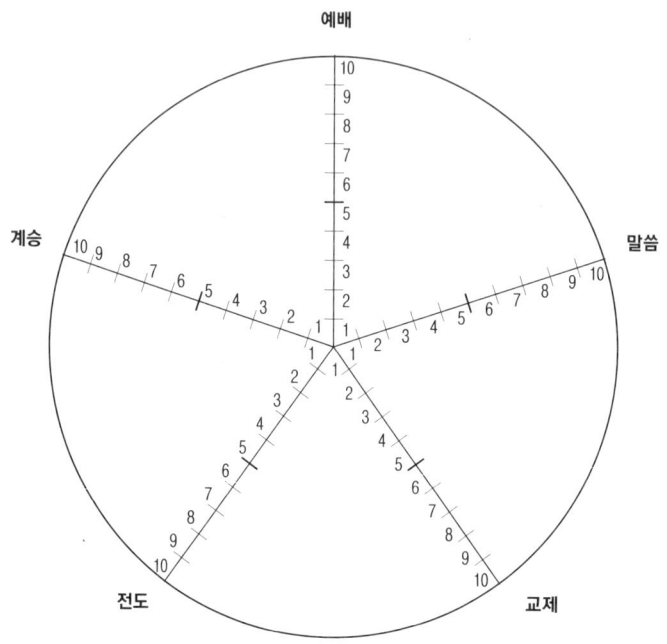

각각의 물맷돌마다 자신의 점수를 10점 만점으로 환산하여 표시한 뒤 선으로 이어보라. 잘되고 있는 영역과 어려움을 겪고 있는 영역이 드러날 것이다. 당신이 이끌고 있는 소그룹의 장점은 무엇이고, 약점은 무엇인가? 어떻게 하면 약한 부분을 보완할 수 있는가?

예)

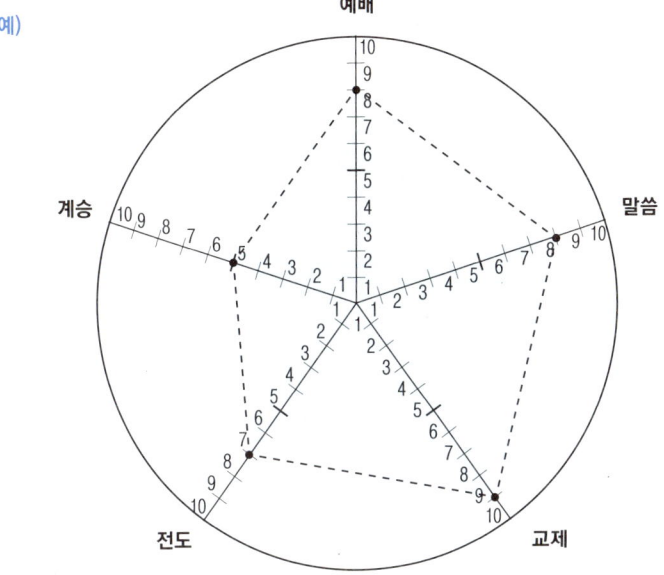

다섯 가지 주제에 따라 소그룹의 성숙도를 측정하고, 건강한 소그룹으로 만들기 위해 구체적으로 어떤 조치를 취해야 할지 생각해보라.

균형 잡기

소그룹 리더가 자신을 제대로 평가하려면 정직해야 하고 용기가 있어야 한다. 평가 결과가 나쁘게 나올까 봐 두려워 회피하는 사람도 많다. 하지만 평가가 꼭 고통스러운 것만은 아니다. 물론 부담이 없는 것은 아니지만, 올바른 진단을 내려야 적절한 처방을 할 수 있다. 소그룹의 현 상황을 직시해서 바른 진단을 내리고, 시의적절하게 대처해야 소그룹이 건강하게 유지될 수 있다.

물맷돌	현재 우리의 모습은 어떠한가?	다음 단계는 무엇인가?	누구에게 도움을 받을 수 있는가?
예배			
말씀			
교제			
전도			
계승			

다윗은 골리앗과 싸울 때 사울의 투구를 내려놓고 자신에게 익숙한 무기인 물맷돌을 가지고 나갔다. 다윗은 이 전쟁이 하나님께 속해 있다고 생각했다. 그는 골리앗 너머에서 역사하고 계시는 하나님의 손길을 보았다. 일반 사람들은 눈앞의 현실만을 보지만, 하나님을 믿었던 다윗은 평소에 꾸준히 훈련했다. 양 떼를 위협하는 짐승들을 백발백중으로 맞히기 위해 물맷돌을 던지는 연습을 수없이 했을 것이다. 하나님은 골리앗과의 싸움을 위해 다윗을 예비하셨고, 그는 쓰임을 받았다. 하나님은 이 싸움이 일어나기 훨씬 전부터 벌판에서 양을 치는 다윗을 훈련시키셨다. 다윗

은 하나님을 믿었기에 갈고닦은 물매 실력으로 골리앗 앞에 섰다.

소그룹 지도자로서 당신은 어떤 무기를 갈고닦고 있는가? 믿음을 가지고 오늘 우리에게 주어진 모든 순간마다 물맷돌을 준비하자. 언젠가 주님 나라를 위해 귀하게 쓰임받을 것을 바라보며 최선을 다해 연습하자. 걱정만 하다가 허송세월하지 말고, 두려움 때문에 움츠러들지 말며, 현실을 넘어 우리의 미래를 주관하시는 하나님을 바라보고 온 힘을 다해 준비하자.

자신이 재주가 없고 무능하다고 불평하지 말고, 오늘 하나님의 이름으로 물맷돌을 던지며 연습하자. 매끈한 물맷돌 다섯 개를 준비하라. 혼자 연습한다고 투덜대지 말라. 나부터 하면 된다.

나 하나 꽃이 되어
조동화

나 하나 꽃 피어
풀밭이 달라지겠느냐고
말하지 말아라
네가 꽃 피고 나도 꽃 피면
결국 풀밭이 온통
꽃밭이 되는 것 아니겠느냐

나 하나 물들어
산이 달라지겠느냐고도
말하지 말아라

내가 물들고 너도 물들면

결국 온 산이 활활

타오르는 것 아니겠느냐

주

1부

1장

1. 2003년 "The Purpose-Driven Church" 컨퍼런스 중에서. https://www.crosswalk.com/church/pastors-or-leadership/small-groups-help-churches-grow-larger-and-more-caring-1225463.html

3부

7장

1. 공동체 성경 읽기를 지원해주는 좋은 웹사이트로 bible.prsi.org가 있다. 이 사이트에 접속하면 왼쪽 상단에 '읽기 플랜'이라는 아이콘이 있다. 이곳을 클릭하면 다양한 일정으로 성경 읽기 플랜을 안내받을 수 있다. 122회, 200회 성경 읽기, 시대별 성경 읽기 또는 회당 20분, 30분, 60분 성경 읽기 등을 선택할 수 있다.

8장

1. *Discipelship Journal*(2006년 7-8월호, 제154권), The Navigators.

9장

1. John R. Stott, *Understanding the Bible*(Grand Rapids, MI: Zondervan, 2011). (『성경연구입문』 성서유니온)
2. 귀납적 큐티에 대한 보다 자세한 설명은 『삶의 변화를 돕는 귀납적 큐티』 (김명호, 고상섭, 박희원 공저, 넥서스 CROSS)를 참고하라.

4부

11장
1. Rick Warren, *The Purpose Driven Life*(Grand Rapids, MI: Zondervan, 2002). (『목적이 이끄는 삶』 디모데)

14장
1. 『데살로니가전서 강해』(김세윤 저, 두란노)
2. Lawrence J. Crabb, Dan B. Allender, Encouragement: *The Key to Caring*(Grand Rapids, MI: Zondervan 1984). (『격려를 통한 영적 성장』 복있는사람)

5부

16장
1. D. T. Niles, *That They May Have Life*(New York: Harper&Brothers, 1951), 96.
2. James F. Engel, Wilbert Norton, *What's Gone Wrong With the Harvest?: A Communication Strategy for the Church and World Evangelism*(Grand Rapids, MI: Zondervan, 1975).

21장
1. https://www.fmnc.net

6부

24장
1. Paul Stanley, Robert Clinton, *Connecting : The Mentoring Relationships You Need to Succeed in Life*(Colorado Springs, CO: Navpress, 1992). 『인도: 삶으로 전달되는 지혜』(네비게이토).
2. Bobb Biehl, *Mentoring*(Nashville, TN: B&H Publishing Group, 1996). 『멘토링』(디모데).